JN037384

漢字の植物苑

花の名前をたずねてみれば

円満字二郎

岩波書店

装画・扉画＝大片忠明
挿画＝大片忠明・岸佳孝

まえがき

学生時代、先輩に誘われて、俳句を少しかじったことがあります。

そのとき、俳句を作るにはまずは季語を知らなくては、というわけで、歳時記を買ってきて開いてみました。すると、そこには、季節の植物が少なからぬページを割かれて並んでいました。それに刺激されて周囲を眺めてみると、あっちの公園にもこっちのお庭にも、さまざまな植物が植わっているのが目に入って来ます。

それまでは特に注意を惹かなかったものが、名前を知るだけで急に特別な存在となる。それは、とても新鮮な経験でした。

飽きっぽい性格なので俳句は長続きしませんでしたが、その後も折りに触れて、植物に対する興味が頭をもたげることがありました。まとまって勉強をしたことはありませんが、名前のわかる植物が少しずつ増えていったのです。

そうして、漢和辞典の仕事をするようになってからは、当然のように、植物の名前を表す漢字が、気にかかるようになりました。

植物の漢字には、不思議なことがいっぱいあります。

たとえば、「木蘭」は、どう見たって「もくらん」としか読めないのに、どうして「もくれん」と読むのでしょうか（一〇ページ）。「あんず」と読む「杏」に、「子」を付け足して「杏子」と書いても、読み方はやっぱり「あんず」。「子」の読みはいったいどこへ行ってしまったのでしょう（二〇ページ）。「つつじ」は「躑躅」と書きますが、このむずかしい漢字はそもそもはどういう意味なのでしょうか（三六ページ）。

こういう不思議を探っていくと、多くの場合、漢字と日本語との長い歴史に突き当たります。

漢字とは、紀元前一五〇〇年ぐらいの昔に、当時の中国語を書き表すため、中国で生み出された文字です。私たちは、それを日本語を書き表すために用いているわけです。

ただ、中国と日本とは海を隔てて遠く離れていますから、ある漢字が中国語として表すものと日本語として表すものの間には、時にはズレが生じます。特に植物のような、それぞれの気候風土と密接に関係するものについては、そういう不一致が多いのです。

また、日本人が、中国語とは無関係に新たな漢字の使い方を編み出すこともあります。

さらには、そもそも中国語の段階で、ある漢字が複数の植物を指していたり、同じ植物を表すのに複数の漢字が存在していたりすると、それを受け入れる日本語の側では、植物の漢字が表すものはより複雑な様相を呈することになります。

というわけで、植物漢字の世界はややこしく、不思議なことがいっぱいなのです。とはいえ、それを裏返すと、知的好奇心を刺激する魅力に満ちているということにもなります。そのあたりを意識しながら、植物の漢字について、ああでもないこうでもないと考えてみよう。……というのが、本書のコンセプトです。

とはいえ、私は植物の専門家ではありません。植物そのものに関する説明は、もっぱら『広辞苑　第七版』に頼ることにします。岩波書店さんのご厚意で、説明文の引用だけではなく、イラストの転載まで許可していただきました。話題にしている植物の具体的な姿形が、一目瞭然で伝わることと思います。

これで、植物方面の備えは磐石。残る漢字方面は、私の筆次第。歳時記的に季節をめぐりながら、植物漢字の魅力をうまくお伝えできるよう、心して取りかかります。みなさん、しばらくお付き合いください。

目次

Ⅳ　涼風の秋　99

Ⅵ　新年と春の芽生え　161

I　春の訪れ

ウメに関する小さな謎

【梅・楳】

私の通っていた中学校のすぐ隣は公民館になっていて、その庭には、ウメの木がたくさん植わっていました。今から考えれば箱庭レベルの小さな梅林だったのですが、種類は豊富で、一月の終わりから三月の初めにかけて次々に花を咲かせるので、地元ではちょっとした名所になっていたものです。

まだまだ冷たい冬の風が吹くある日の学校帰りに、私もふくよかな梅が香をかいでみた記憶があります。風流のかけらも解さない中学生が、なぜそんな気の迷いを起こしたのか？『広辞苑』が「早春、葉に先だって開く花は、五弁で香気が高」いと説明するその花は、それほどに魅力的だということなのでしょう。

さて、「うめ」を漢字で書くと、もちろん「梅」。『広辞苑』を開いてみても、ほかの漢字は挙がっていません。ただ、「梅」には、読み方も意味も同じだけれど形が違う「異体字」がいくつかあって、中でも「楳」は、固有名詞で時折、用いられます。

その有名な例が、漫画家の楳図《うめず》かずおさん。また、『広辞苑』には、「楳茂都《うめもと》流」という上方舞の一流派が、収録されています。

この「楳」に含まれる「某」について、中国で一世紀の末ごろに作られた漢字の辞書、『説文解字《せつもんかいじ》』には、「酸っぱい果実である」と記されています。つまり、「某」は、もともとはウメを表す漢字で、「某氏」「某所」のように何かをきちんと特定しないでそれとなく指すのは、あとから生まれた用法なのです。やがて、あとからの用法の方がよく使われるようになったので、もとのウメを指す場合のために、改めて「木(きへん)」を付け加えて、「楳」という漢字が作られたという次第です。

「某」に関しては、ちょっとした謎があります。それは、「甘」と「木」の組み合わせなのに、酸っぱいウメを指すのはこれいかに？というもの。この点について、一八～一九世紀に活躍した中国文字学の巨匠、段玉裁《だんぎょくさい》は、「甘さは、酸っぱさの母である」と述べています。その心は「甘い食べものは、酸っぱくなりやすいから」だというのですが、こればかりは、こじつけ臭くないかなあ……。

段玉裁先生はふだんから、あまり新鮮でないものを食されていたのではないかと、心配になってしまうのでした。

ミツマタを見る目の違い

【三椏・三叉】

中学時代の思い出のせいか、私にとってのウメは、二月の花というイメージ。しかし、大学に入って上京して、少しばかり風流な気持ちが芽生えて近辺のウメの名所を調べてみたところ、たいていは、三月になってから盛りを迎えるようでした。

東京都の青梅市にある吉野梅郷に出掛けたのは、社会人になってからのこと。この名高い梅林は、ウイルスにやられて二〇一四年に伐採されてしまいましたが、当時は、周辺も含めて四万本のウメの木が健在。濃淡さまざまなウメの花が咲く風景は、まるで夢の中を歩いているかのように幻想的で、梅林の魅力を満喫したことでした。

そのとき、ウメに劣らず、強烈な印象を残した木がありました。梅林まで行く道のあちこちで、まだ葉っぱの出ない枝の先にクリーム色のぼってりした花をたくさん付けて、嗅覚があまり鋭くない私でもすぐに気が付くぐらい、柑橘に似た強烈な香りを放っています。

それが、私がミツマタの花を初めて意識して眺めた瞬間でした。

『広辞苑』を開くと、ミツマタは「ジンチョウゲ科の落葉低木」で、「春、葉に先だって匂いのある黄色の筒形小花を総状につける」と説明があります。あの強い香りはジンチョウゲ科のものだったか、と納得。「筒形小花」については、イラストでは小さいながらも複数の角度から描かれていて、その一風変わった形を確認することができます。

このイラストでも見て取れるように、「枝は三つに分かれる」というのも、ミツマタの特徴。名前の由来もここにあって、『広辞苑』の見出しのすぐ下に示されているように、漢字では「三椏」または「三叉」と書かれます。

「椏」は、現在の日本語では、「みつまた」を書き表すとき以外にはまず使われませんが、「木の枝分かれしている部分」つまり「木のまた」を指す漢字。「三椏」と書いて「みつまた」と読むというのは、まったく理にかなった漢字の使い方だといえます。

ただ、中国語での「三椏」は、チョウセンニンジンの別名。根っこがいくつかの「また」に分かれるところから名づけられたようです。ちなみに、チョウセンニンジンは漢字で書くと「人参」で、チョウセンニンジンは根っこが人の脚のように二股に分かれているのがよい、とされたところからの命名です。

それはともかく、「三椏」でミツマタを指すのは、日本人が独自に編み出した漢字の使い方。こんな珍しい漢字をわざわざ探し出してきて「みつまた」を書き表した先人の知識の深さには、恐れ入るばかりです。

『広辞苑』には、ミツマタは、「樹の靭皮《じんぴ》繊維をとって和紙の原料とする」ともあります。とすれば、日本人がこの樹木に名前を付ける際、枝に着目したのは、すこぶる実用的な観点からのことだったのでしょう。

一方、調べてみると、現在の中国語ではこの樹木のことを「結香《ジエシアン》」と呼ぶのだとか。こちらは、強い香りに由来する命名です。

中国の文明というと、何かにつけて現実的、即物的なイメージがあるのですが、ミツマタの命名に限っては、日本人の方が即物的なようですね。

コブシのつぼみを食べてみる

【辛夷】

三月も半ばごろになると、私の住まいの周辺ではコブシが咲き始めます。あの白くて清楚な花は、私の大のお気に入り。あちこちのお宅の庭先に咲いているのを見上げながら散歩するのが、早春のたのしみです。ただ、『広辞苑』には「早春、葉に先だって芳香のある白色六弁の大花を開く」とありますが、高い枝に咲いていることが多くて、残念ながらその香りを嗅いだことはありません。

『広辞苑』のイラスト(次ページ)では、花を大きく載せてくれていて、うれしくなってしまいます。その花の真下に見えるのはつぼみですが、さらにその下に描かれているのは、コブシの実。ごろごろっとした塊がいくつかつながっているこの形が、人間の「握りこぶし」に似ているところから、「こぶし」という名前が付いたのだ、といわれています。

さて、『広辞苑』にもあるように、「こぶし」を漢字で書くと「辛夷」となります。しかし、これについては、日本の植物学の父、牧野富太郎博士が、鋭いご指摘をなさっています。いわく、コブシは日本原産だから中国名があるはずはない。「辛夷」をコブシだとするのは間違いだ！

実際、中国の文献での「辛夷《しんい》」は、モクレンの別名。そこで、『広辞苑』でも、「なお漢名「辛夷」は本来モクレンのこと」と、わざわざ注記してあります。

中国語「辛夷」の由来については、一六世紀の中国の学者、李時珍《りじちん》が著した植物事典、『本草綱目《ほんぞうこうもく》』に記載があります。それによれば、「辛夷」の「夷」は、「荑《てい》」と同じ。「荑」とは、チガヤの穂、ツバナのこと。「モクレンのつぼみは、生え始めのころはチガヤの穂に似ていて、辛い味がする」。だから「辛夷」と呼ぶのだ、というのです。

李時珍先生、何を思ってモクレンのつぼみとツバナの食べ比べをしたのか、ちょっと不思議。お腹を下してしまわないか、心配になります。

でも、ここで示唆を与えてくれるのが、『広辞苑』の記述。コブシの説明に、「蕾は鎮静・鎮痛剤に」するとあります。一方、チガヤについての『広辞苑』の説明は、「イネ科の多年草」で、「春、葉より先に、軟らかい銀毛のある花穂をつける」。続けて、「穂を

「つばな」「ちばな」といい、強壮薬」とするのだとか。

伝統的な中国の学問では、薬になる植物についての研究を「本草学」と呼びます。本草学の祖とされる伝説の聖人、神農《しんのう》は、自分で実際にさまざまな植物を食べてその効能を確かめ、最後は毒にあたって亡くなったとのこと。現実を重んじる中国の学問の性格が、よく伝わって来るエピソードです。

『本草綱目』も、その名の通り、本来は本草学の事典。李時珍先生が、モクレンのつぼみとツバナの食べ比べを実際にやってみたとしても、不思議はありませんね！

モクレンは神様の意地悪？

【木蓮・木蘭】

というわけで、中国の文献では、「辛夷」といえばモクレンのこと。『広辞苑』のいう「春、葉に先だって暗紅紫色六弁の大形の花を開く」あのモクレンです。『広辞苑』にはイラストが載っていて、そのなよなよとした花の形がよくわかります。

では、現在の中国語でモクレンの木のことを「辛夷《シンイー》」と呼ぶのかというと、そう単純な話でもありません。「辛夷」は、漢方薬となるモクレンのつぼみを指すことが多いようです。モクレンの木そのものは、「木蘭《ムーラン》」と呼んでいるようです。

日本語の場合、「木蘭」を素直に音読みすれば「もくらん」となります。しかし、これを「もくれん」と読むことも多く、『広辞苑』の「もくれん」の見出しの下にも、「木蓮」と「木蘭」の両方が、漢字での書き表し方として示されています。

「木蓮」とは、もともとは中国での「木蘭」の別名。日本語ではその音読みの「もくれん」が、モクレンという木の呼び名として定着したわけですが、中国では「木蘭」の方が

一般的な名称。中国の植物書には当然、「木蘭」の方が出て来ます。すると、たとえば江戸時代の日本人がそれを読むときには、これは日本でいう「もくれん」だからと頭の中で置き換えて、「もくれん」という音を頭の中に浮かべつつ読むことになります。その結果、「木蘭」と書いて「もくれん」と読むという、漢字の神様が意地悪をしたとしか思えない、なんとも面妖な事態が生じているのでしょう。

現在の日本語では、「もくれん」は「木蓮」と書き表す方が主流。読み方を主体に考えれば、それが常識というものでしょう。しかし、「木蘭」もけっこうよく顔を出します。『広辞苑』でも、「もくれん」の説明の末尾に載せている別名の「紫木蘭《しもくれん》」は、「蘭」の方。中国由来の学問の伝統の力は、意外と根強いといえましょう。

ところで、中国の「木蘭」についても、昔からずっと、現在のモクレンと同じ植物を指して来たのかどうか、若干の疑問があります。というのは、漢詩ではよく、船を表す雅語として、「木蘭の舟」という表現が使われるからです。

これは、紀元前数世紀の昔、魯般《ろはん》という伝説的な天才エンジニアが、長江に浮かぶ島に生えていた「木蘭」の木を使って船を造った、という話に基づくもの。その船は、紀元後五世紀になってもまだ残っていたといいますから、かなり丈夫で立派なものだったに違いありません。

また、中国で「木蘭」といえば、忘れてはいけないのが、「花木蘭《ファムーラン》」。女性であることを隠して父の身代わりとなって従軍し、大きな手柄を立てたという、伝説上の少女です。京劇のヒロインとして有名ですし、ディズニーの映画にまでなりました。華やかだけれど力強い彼女のイメージは、はたしてモクレンに合うものかどうか？

そんなふうに考えると、中国の「木蘭」は、同じモクレン科でもホオノキのような、建築材として使われるがっちりした樹木を指すこともあったのではないか、とも思われます。

ウドは風なんて気にしない【独活】

ところで、私たちが植物に季節を感じるのは、花が咲くからだけではありません。植物は時には旬の食材となって、食卓を彩ってくれます。

ウドも、その一つ。天然ものの収穫時期は四月から五月だそうですが、栽培ものは三月から出回ります。私なども、春先、居酒屋さんでウドの天ぷらがメニューにあれば思わず頼んで、味がわかりもしないくせに、悦に入っていることがあります。

『広辞苑』によれば、ウドは「ウコギ科の多年草。山地に自生。茎の高さ約二メートル」。「ウドの大木」で有名なのに、たかだか二メートルにしかならないなんて拍子抜けしてしまいますが、そもそも、ウドは木ではなく「多年草」。「ウドの大木」なんてことわざにされるのは、ウドからすれば迷惑で失礼な話だといえましょう。

天ぷらにして食べるのは、主に新芽。『広辞苑』には、「軟白栽培の若芽は食用とし、柔らかく芳香がある」とあります。イラストも載っているので、新芽がどんな形をしている

のか、よくわかります。

　さて、「うど」を漢字で書くと、「独活」。「就活」「婚活」「妊活」「終活」などなど、何かのための活動を表す「○活」型の熟語が花盛りの二一世紀の日本で、一人で生きていくための活動を意味する「独活《どっかつ》」ということばがなかなか出現しないのは、おそらく、ウドのこの漢字表記がデンと鎮座しているせいかと思われます。

　「独活」とは、本来は、中国語でウドを指すことば。それを日本語では、「どっかつ」と音読みにはしないで、直接、自分たちのことばに置き換えて「うど」と読んでしまっているわけです。では、中国ではどうして、ウドのことを「独活《ドゥフォ》」と呼ぶのでしょうか？

　コブシのところでも引用した『本草綱目』という植物事典には、五～六世紀の学者、陶《とう》弘景《こうけい》の説として、「茎が一本、まっすぐ上に伸び、風が吹いても揺れない。だから「独活」というのだ」と書いてあります。なんとまあ、己の生き方を貫く気概に満ちた植物ではありませんか。

ここでちょっとおもしろいのは、『本草綱目』によれば、ウドには「独揺草」という別名もあること。同書は、こちらの由来についても、ある古い文献から次のような説を紹介しています。いわく、「この草は風が吹いても揺れないが、風がなくてもひとりでに揺れる。だから「独揺草」というのだ」。

まわりから何を言われても、絶対に自分の生き方を曲げないくせに、いざ、一人になると気持ちが揺れてしかたない。なんたる天の邪鬼ぶりでしょう！

でも、そういうことって、ありますよね。

己の確たる主張があるわけでもないのに、他人から口出しをされると、素直に従う気にはなれなくなる。さすがに齢を重ねてくると、自分で自分のそういう欠点に気づきはするのですが、そう簡単に改められるわけでもなく……。

そんな私たちに、身を挺して旬の味を提供してくれる独活さんは、まったく、ありがたい存在です。

もしも人間がアセビを食べたら……【馬酔木】

さて、話を花が咲く植物に戻して、次はアセビを取り上げましょう。「あしび」ともいいますが、『広辞苑』で本項目として立っているのは、「あせび」の方。三月もだいぶ暖かくなってきてから咲く、あのかわいらしい花を、「ツツジ科の常緑低木」で、「春、壺形の小白花を総状に垂れる」と説明しています。

万葉びとは、アセビの花を手折って恋人に贈ったのだとか。たしかに、貴婦人の髪飾りを思わせるあの花は、手に取ってみたくもなりますよね。

ところが、その優美なイメージに反して、アセビには毒があります。『広辞苑』でも載せている、「全体が有毒、牛馬が食うと麻痺するというので「馬酔木」と書く」という説明は、けっこう有名。「あせび」「あしび」の語源は「足がしびれる」ことだ、という説も、どこかで読んだことがあります。

ここで気になるのは、アセビを人間が食べるとどうなるのか、ということ。調べてみると、やっぱり中毒にかかって、ひどい場合には命の危険さえあるのだとか。ならば、「人酔木」でもいいわけですが、あえて「馬」を選んでいるのは、どうしてなのでしょうか？

馬はおばかさんで、ついうっかりアセビを食べがちだとでもいうのでしょうか。アセビは日本原産ですから、弥生時代に大陸からの渡来人が連れて来た馬が、何も知らずにアセビを食べてひっくり返ってしまった、なんてことも十分にあり得ます。

そのころまで、日本列島には馬はいなかったと考えられています。だとすれば、猛スピードで走り、重い荷物だって運んでくれる馬は、当時、日本列島で暮らしていた人々にとっては、文明の進んだ世界からやって来た、生活を劇的に楽にしてくれる、とても役に立つ動物だったにちがいありません。

そんな時代の最先端を行くものが、どこにでも生えている木を食べただけでひっくり返ってしまうとは！「馬酔木」という漢字での書き表し方には、そういう驚きを見るべきなのかもしれません。

現代でいえば、最新型のスマートフォンをちょっと落としただけで、液晶画面にびりびりにヒビが入ってしまった、といった感じでしょうか。「時代の最先端」なるもののもろさを、改めて思い起こす次第です。

サクラをめぐる勘違い

【桜】

サクラの花を初めて見たのはいつのことか？　多くの日本人にとっては、そんな質問は無意味でしょう。それくらい、サクラは私たちの暮らしになじんでいます。

サクラを漢字で書くと「桜」。それだって当たり前。でも、漢字的には、話はそう単純ではありません。なぜなら、多くの漢和辞典では、サクラを指して「桜」を用いるのは日本語独自の用法で、中国では、シナミザクラという木を指す、としているからです。

では、シナミザクラとは、どんな樹木なのでしょうか？

私は長い間、この問題をほったらかしにしていました。おおかた、「しなむ」という日本語があって、シナミザクラとは「しなんだ桜」のことなのだろう……。そんなふうに思い込んでいたのです。しかし、それは、大きな大きな勘違い。あるとき、『広辞苑』の「桜桃《おうとう》」の説明を読んでいて、そのことに気づきました。

『広辞苑』の「おうとう」の項目には、「花はサクラに似るが白い。果実は「さくらんぼ」と称して食用」とあります。そして、さらに「セイヨウミザクラ(西洋実桜)。桜桃の名は、本来、中国原産の別種シナミザクラの漢名」と書いてあったのです。

つまり、シナミザクラとは、シナミ・ザクラではなく、シナ・ミ・ザクラ、中国原産の実の成るサクラのことだったのです。

『広辞苑』の「さくら」の項目には、「バラ科サクラ属の落葉高木または低木の一部の総称。同属でもウメ・モモ・アンズなどを除く」とあります。末尾近くに「桜桃《おうとう》の果実は食用にする」とあるように、ここには、桜桃も含まれます。しかし、本来の漢字「桜」は、桜桃の一種と考えられるシナミザクラだけを指すので、サクラ全般を指して「桜」を用いるのは日本語独自の用法だ、ということになるわけです。

ところで、私が勝手に想像していた「しなむ」なる日本語は、実在するのでしょうか。またまた『広辞苑』を引いてみると、ありました。漢字で書くと「匿む」。意味は「しなぶ」と同じだと書いてあります。そこで「しなぶ」の項目を見ると、「かくす。つつむ」という説明。

「隠れ桜」なんていう意味の名前の樹木が実在していたら、それはそれでおもしろそうですが……。そんなの、負け犬の遠吠えですかね。

アンズの読み方に悩む話

【杏・杏子】

バラ科サクラ属の花の中で、私にとって「まだ見ぬ花」の代表的な存在なのが、アンズです。毎年、四月の初めになると長野県の「あんずの里」の開花状況をチェックしては、結局は行けずじまい。そのまま二〇年以上、経ってしまいました。ここまでくると、ほんとに行く気があるのかどうか、疑われてもしかたないですねえ。

さて、『広辞苑』には、「あんず」の漢字での書き表し方として、「杏子」と「杏」の二つが載っています。この場合の「子」は、果実のこと。本来は、「杏」だけで樹木のアンズを指し、「杏子」は、その実を表します。

ただ、ここからがややこしいのですが、「あんず」と読むのは本来は「杏子」の方。「子」には「ず」という音読みがあるのです。ということは、「あんず」とはアンズの実を指すことば。それが、のちに樹木そのものも指すようになったので、「杏」だけでも「あんず」と読むようになった、という次第です。

つまり、漢字「杏」の本来の読み方は「あん」。ただし、これは、唐音《とうおん》と呼ばれる、鎌倉時代ごろ以降に日本にもたらされた中国語の発音から変化した音読み。奈良時代から平安時代の初めごろに伝わった中国語に基づく音読みでは、「きょう」と読みます。『広辞苑』の「あんず」の項目の説明で、「種子は生薬の杏仁《きょうにん》で、咳どめ薬の原料」とある、その「きょうにん」の「きょう」です。

ただ、現在では、「杏仁」という漢字の並びを目にすると、たいていの人は「あんにん」と読むのではないでしょうか。中華のデザート、「杏仁豆腐《あんにん》」が大人気だからです。そこで、『広辞苑』で「あんにんどうふ」を調べてみましょう。すると、「きょうにんどうふ」を参照せよ、という指示。『広辞苑』クラスの大きな国語辞典はみな同様で、「きょうにんどうふ」が本見出しになっています。もっとページの少ない、一般的な国語辞典の場合は、「きょうにんどうふ」を本見出しにするものと、「あんにんどうふ」を本見出しにするものとで、対応が割れています。

おそらく、漢方薬としての「杏仁」は、「きょうにん」と読む方が正統なのでしょう。問題は、それを「杏仁豆腐」にまで及ぼすかどうかですが、現実には「あんにんどうふ」の方がはるかに一般的。国語辞典界は、ここでは現実から少し離れているようです。

カイドウと二日酔いの美女

【海棠】

アンズの花は、私にとってなかなか見ることができない花なのですが、同じバラ科で、同じころに咲くカイドウの花ならば、四月の東京の住宅地でも、いくらでも見ることができます。

『広辞苑』によれば、「かいどう」は漢字では「海棠」。イラストが載っていて、「春の末、淡紅色の五弁花を房状につけ下垂」というその花の姿をたのしむことができます。説明には、「楊貴妃の故事から「睡《ねむ》れる花」ともいう」ともあって、絶世の美女はかくあらん、というほどの華やかさです。

その「楊貴妃の故事」とは、子項目の「海棠睡《ねむ》り未だ足らず」のこと。唐王朝の時代、楊貴妃の夫であった玄宗《げんそう》皇帝が、明け方まで飲んでいた酒の酔いからまだ醒めきっていない彼女のなまめかしい姿を、「眠り足りない海棠のようだ」とたとえたのだとか。このように、中国ではカイドウの花を、女性の美しさにたとえることが多いようです。

私がこの花を初めて知ったのは、大学一年生のとき。第二外国語で選択していた中国語の授業で見せてもらった中国のドラマで、主人公が、若くして亡くなった姉のことを「海棠」にたとえて偲ぶシーンがあったのです。

ただ、実際にどんな花が咲くのかを知ったのは、もう少しあとのこと。不真面目な学生で、中国語をまったくものにできなかった私でも、薄幸の女性と結び付いたカイドウの美しいイメージだけは心に残っているのですから、教育とは不思議なものです。

楊貴妃といえば絶世の美女ですが、反乱に巻き込まれて命を落とした悲劇の美女でもあります。その物語は、八~九世紀に活躍した中国の詩人、白楽天(白居易《はくきょい》)の漢詩の名作、『長恨歌《ちょうごんか》』にうたわれて有名です。中国での「海棠」には、そんなイメージもまつわっているのかもしれません。

とはいえ、漢詩の中に「海棠」が詠み込まれるようになるのは、この玄宗皇帝の治世が反乱によって終わりを告げた、八世紀半ば以降のこと。「睡未だ足らず」の故事も、後世になって生み出された作り話かもしれません。

この花の名前についてちょっと不思議なのは、

「海」という漢字が付いていること。「棠」は梨に似た植物を指す漢字なので、「海」はそれに対する何らかの形容なのでしょうが、どのような特徴を形容したものなのか、はっきりしたことはわかりません。

そもそも、「海」という漢字は、花の名前とは縁遠いもの。「海棠」のほかには、目立つものとしては「海桐花《とべら》」くらいしか、思いつきません。トベラについては、『広辞苑』にも「海岸近くに生じる」とありますから、「海」が付くのも、むべなるかな。しかし、カイドウについては、そういうこともなさそうです。

中国のある古い書物には、海を渡ってもたらされたものだから名前に「海」が付くんだ、という説が載っているのですが、カイドウは中国原産。事実とは一致しません。

中国大陸では、海は必ずしも身近なものではありません。カイドウの花も、中国三〇〇〇年の歴史の中では、その半ばより後の新しい時代に親しまれるようになった花ですから、どこか異世界の魅力を感じさせるものだったのかもしれません。

逆輸入品としてのスミレ　【菫】

華やかさが売りのカイドウに対して、奥ゆかしい花で春を彩ってくれるのが、スミレです。四月になると、ちょっとした道ばたでも咲いています。

『広辞苑』で「すみれ」を調べると、「①スミレ科スミレ属植物の総称。②スミレ科の多年草。春、葉間に数本の花茎を出し、濃紫色の花一つをつける」と書いてあります。私がスミレとして認識している花は、濃い紫色だけではなく、白や黄色、薄いブルーなども含んでいるので、①の広い意味でのスミレの方なのでしょう。とはいえ、『広辞苑』が載せてくれている②の狭い意味でのスミレのイラスト(次ページ)を見る限り、少なくとも花の形に関しては、私の頭の中のスミレのイメージを大きく修正する必要はなさそうです。

花がよく親しまれているのに対して、スミレを表す漢字は、それほど知られていないかもしれません。「菫」と書きます。ただ、この漢字、漢和辞典で調べると、いろいろな植物を指すことになっていて、困ってしまいます。

その一つは、ムクゲ。『広辞苑』によれば、「アオイ科の落葉大低木」。「大低木」とはいかにも専門用語らしいおもしろいことばですが、せいぜい二〇センチくらいにしかならないスミレとはまったく異なります。とはいえ、漢字ではふつう、「木槿」または「槿」と書きますから、「菫」と形の上で共通点があります。

もう一つは、セロリ、あるいはセロリに似た野菜。セロリは、『広辞苑』によれば「セリ科の一年生または二年生葉菜」。外来語の「セロリ」に相当する漢字があるなんてびっくりですが、「ユーラシア温帯に広く分布する野生種に起源」があるのであれば、納得です。ただ、これまた、スミレとは植物学の分類の上の科が異なります。

さらに、漢和辞典の「菫」の項目には、毒を持つことで有名なトリカブトを指す、と書いてあることもあります。またまた『広辞苑』の説明を引くと、トリカブトは、ふつうは漢字では「烏兜」と書き、「キンポウゲ科の多年草。高さ約一メートル」といいますから、スミレとはだいぶ違う植物。花を咲かせるのも秋で、似ているところといえば、「美しい紫碧

色」という花の色くらいです。

漢字は一つなのに、表す植物がこんなにもいろいろあるなんて、無秩序もいいところ。でも、漢字の世界では、こういうことがままあります。漢字には三〇〇〇年以上に及ぶ長い歴史がありますから、ある時代のある場所ではセロリを指した「菫」が、別の時代の別の場所ではトリカブトを指す、というようなことがあっても、不思議ではありません。

日本ではこの「菫」を、平安時代の昔から「すみれ」と読み慣わしてきています。中国の書物に描かれた「菫」の特徴に、スミレを思わせるところがあったのでしょう。とはいえ、それは日本人の誤解だったようです。最近では、「菫」でスミレを指すのは日本語独自の用法だとする漢和辞典が、増えてきています。

ところが、その一方で、現代の中国語ではスミレ科スミレ属の植物を指して「菫菜《ジンツァイ》」と呼ぶので、頭がこんがらがってしまいます。「菫」でスミレを表す用法は、日本から中国に逆輸入されたのかもしれません。

チャルメルソウの遠い旅

【嗩吶草】

ここで、私が『広辞苑』のページをめくっていて見つけた、ちょっとめずらしい植物を取り上げてみましょう。その名は、「チャルメルそう」。「ユキノシタ科の多年草」で、「春、五弁で淡黄緑色の花をつける。果実の開口した形がチャルメラに似る」と説明されています。そして、漢字での書き表し方として、「嗩吶草」が挙げられています。

「嗩吶」とは見慣れない漢字ですが、直前の「チャルメラ」の項目に、「オーボエ属の管楽器。一六世紀後半、ポルトガルから伝来したが、現在のものは中国の嗩吶《さない》が伝わったもの」と出てきます。そこで、「さない」の項目を見ると、「中国で民間の祝祭や回族の音楽に用いる管楽器」だという説明の最後に、「スルナーイ」をも見よ、という指示がありました。

こういう連続ジャンプは、辞書を引くたのしみ。うれしくなって「スルナーイ」へと飛ぶと、語源はペルシア語。「西アジア諸国で広く用いるオーボエ系管楽器」で、「中国の嗩吶《さない》の祖」と書いてあります。「嗩吶」とは、もともとは「スルナーイ」に対する当て字だったのですね。これで、屋台のラーメン屋さんが吹き鳴らすあのチャルメラは、遠く西アジアに起源を持つ楽器だということがわかりました。

ただ、チャルメラもスルナーイもオーボエ系の管楽器だというのが、何か臭います。そこで、自分の嗅覚を信じてオーボエについていろいろ調べているうちに、ドイツ語で「シャルマイ」と呼ばれる楽器を見つけました。

『広辞苑』の説明を引くと、「オーボエの前身にあたる二枚リードの管楽器。日本へはポルトガル語名のチャルメラで伝来」。そして、『広辞苑』では触れられていませんが、この楽器もまた、西アジアの「スルナーイ」を祖先とするものなのです。

つまり、現在のイランあたりで生まれた管楽器「スルナーイ」は、東へ伝わって中国の「嗩吶」となる一方で、西に旅してはポルトガルの「チャルメラ」となったわけです。そうして、その二つが海を越えて日本で再会を果たし、「チャルメルそう」の書き表し方として、辞書の中にその由来を留めている、というわけです。

いつの日か、「嗩吶」と「チャルメラ」の長い旅路に思いを馳せながら、チャルメルソウの花に見入りたいものです。

レンゲソウはピンと立って揺れる

【蓮華草・紫雲英・翹揺】

スミレ、チャルメルソウと、草花が続いたついでですから、もう一つ、レンゲソウを取り上げて、「春の訪れ」の章の締めといたしましょう。

『広辞苑』の「れんげそう」の項目を見ると、「日本では緑肥・飼料作物として古くから栽培されたらしい。明治末期から北海道を除いて全国の田で春を彩ったが、その後減少」と書いてあります。私が生まれ育った兵庫県西宮市のとある国道沿いには、私が幼いころにはまだまだ田んぼがたくさんあって、春になるとレンゲソウが咲き乱れていたのを、なつかしく思い出します。

漢字での書き表し方として示してあるのは、「蓮華草」。ただし、この植物には「げんげ」という別名もあって、『広辞苑』でそちらを見ると、「紫雲英」に加えて、「翹揺」という書き表し方も挙げてありました。

この二つは、どちらも中国語に由来するもの。「英」は本来、花を意味する漢字ですから、「紫雲英」とは、「紫色の雲のような花」。私の記憶の中にあるレンゲソウに、ぴったりです。

一方の「翹揺」はというと、音読みすれば「ぎょうよう」。「翹」は、部首「羽（はね）」にも現れているように、鳥の羽と関係の深い漢字。ニワトリやキジが頭を下げると、尾っぽの羽がピンと上を向く。そんな感じで、「ピンと立つ」ことを表します。

そこで、「翹揺」の文字通りの意味は、「ピンと立ってゆれる」といったところ。『広辞苑』のイラストにもある通り、レンゲソウの花は、ピンと伸びた茎の先に付きます。それが、風でも吹いて揺れるというのでしょう。

ただし、中国語としての「翹揺」は、レンゲソウではなく、ノエンドウやシロツメクサ（クローバー）などを指す、と辞書にはあります。毎度のことながら、中国と日本とで指すものが違う例ですが、ノエンドウはともかく、シロツメクサの花はレンゲソウと似たような付き方をしますものね。

ところで、「蓮華」とは、仏教でいう、極楽に咲いているハスの花のこと。仏像が載っているのは

「蓮華台」。そんなこんなで、何やら重々しい雰囲気があります。

そのためでしょうか、私などは、「れんげ」という名前が正式で、「げんげ」はそれが訛ったものだと思い込んでいたのですが、実際はさにあらず。「げんげ」の方が「れんげ」よりも古くからある呼び名なのだそうです。雰囲気に惑わされてはいけないという、よい例ですね。

「れんげ」の訛りどころか、「げんげ」は「翹揺」の読み方に由来する、という説もあります。にわかには信じられないかもしれませんが、「翹揺」は、平安時代のころには「げうえう」と音読みされていました。これが「げうえ」→「げうげ」→「げんげ」と変化したと考えれば、ありえない話でもなさそうです。

Ⅱ　初夏から梅雨へ

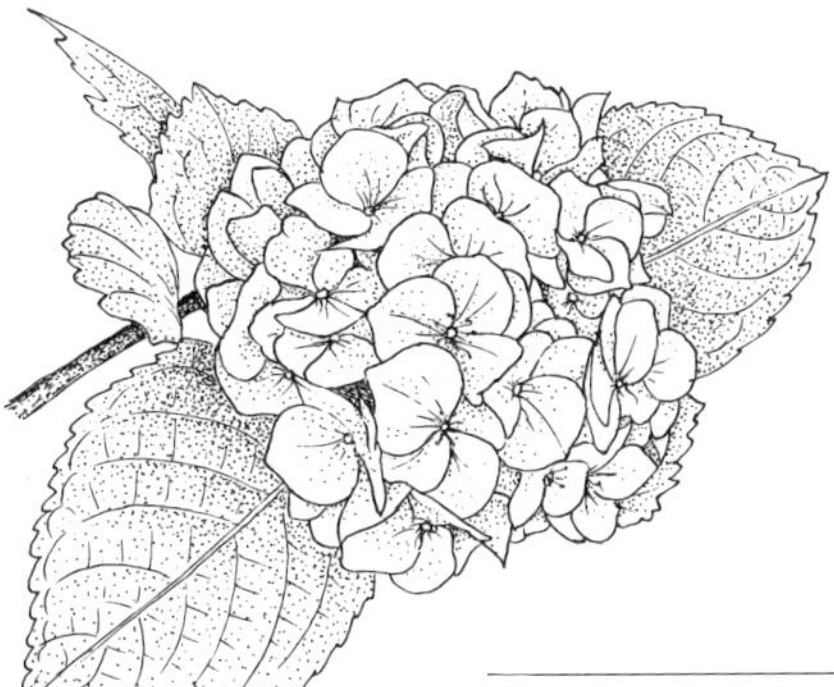

ヤナギを表す二つの漢字

【柳・楊・楊柳】

日本にははっきりとした四季がある、とよくいわれますが、春から夏への移り変わりは特別ではないでしょうか。花が咲き誇る春の盛りはそのまま新緑の初夏へとつながり、夏が本格的になる前に、梅雨が挿入されます。この章では、そんな時期の植物を取り上げましょう。

その一つ目は、ヤナギ。四月に芽吹いたみずみずしい緑色が、その濃さを増していくと、そこにはいつしか夏の日差しが……。春の季語ではありますが、初夏の風に吹かれる姿も、印象的ですよね。

「やなぎ」を『広辞苑』で調べてみると、「㋐ヤナギ科ヤナギ属植物の総称」だとのこと。「日本には約九〇種。シダレヤナギ・コリヤナギ・カワヤナギなどが代表的」ともあります。そして、漢字での書き表し方としては、「柳」「楊」「楊柳」の三つが示されているのですが、ここに出て来る「柳」と「楊」には、何か違いがあるのでしょうか？

漢和辞典では、この二つの漢字はきちんと区別されます。「柳」はヤナギ科の植物の総称として使われるほか、特にシダレヤナギを指すのに対して、「楊」は、コリヤナギやカワヤナギなど、枝が垂れないタイプのヤナギを表すのです。

中国では、この両方の漢字が、ともによく使われます。そこで、両方をひとまとめにした「楊柳《ようりゅう》」という熟語も生まれてくる、というわけです。

しかし、日本語では、単に「やなぎ」とだけいえば、『広辞苑』が㋑として示す「特に、シダレヤナギのこと」。二匹目のドジョウが泳いでいるのも、幽霊がうらめしそうに隠れているのも、なよなよと垂れ下がった枝が風に吹かれる、シダレヤナギの陰ですよね。

そのため、ヤナギであれば何でもかんでも「柳」を用いる傾向があって、「楊」を使うことはあまりありません。実際、『広辞苑』で「かわやなぎ」を調べると、漢字表記として示されているのは「川柳」だけ。「こりやなぎ」も、「行李柳」だけとなっています。漢和辞典の立場から厳密にいえば、これらの「柳」は、日本語独自の用法だということになるのでしょう。

ただし、「かわやなぎ」の項目には、「「川楊」とも書く」という注意書きが添えられています。たしかに、「川柳」と書いてしまうと「川柳《せんりゅう》」と区別しにくくなりますからね。

このあたり、日本人の漢字の使い方は、融通無碍なのです。

ヒツジが消えたツツジ【躑躅】

陽春と初夏の両方にまたがる風物詩といえば、ツツジの花もその一つ。『広辞苑』でも、「春から夏にかけ、赤・白・紫・橙色などの大形の合弁花を単立または散形花序に開く」と説明されています。

漢字で書くと、「躑躅」。二文字合わせて四二画という、いかにもむずかしそうな面構えですよね。この漢字二文字は、音読みすれば「てきちょく」で、ツツジ以外にも意味があります。漢和辞典では「たちもとおる」という古雅なことばで説明されることが多いので、わかったようなわからないような気になりがちなのですが、要するに、ある場所から動けなくなるようすを表すことばです。

では、どうしてそんなことばがツツジを指すようになったかというと、そこには、「春の訪れ」の章で紹介したアセビと似た事情があります（一六ページ）。

五〜六世紀の中国の学者、陶弘景《とうこうけい》は、「羊躑躅《ようてきちょく》」という植物について、「羊がその葉っぱを食べると「躑躅」して死んでしまう」と述べています。つまり、ツツジには動物を動けなくしてしまうような毒があるのです。

しかし、実際には、すべてのツツジが毒を含んでいるわけではありません。毒性を持つのは、レンゲツツジという種類のツツジ。そこで、「羊躑躅」とはレンゲツツジのことだ、と考えられます。一方、一六世紀の中国の学者、李時珍《りじちん》は、その著書、『本草綱目《ほんぞうこうもく》』の中で、有毒の「羊躑躅」のほかに、子どもが食べても大丈夫な「山躑躅《さんてきちょく》」があることを紹介しています。こちらが、日本でいうヤマツツジにだいたい相当する、と考えればいいのでしょう。

ここでちょっとこだわっておきたいのは、「山躑躅」という中国語に対応して「やまつつじ」という日本語があるのに、「羊躑躅」という中国語に対応した「ひつじつつじ」という日本語は、一般的なことばとしては存在していない、ということ。その理由は、おそらく、明治になるまでの日本では、ヒツジはあまり一般になじみのある動物ではなかったから。陶弘景先生の「羊躑躅」に関する説明を読んでも、江戸時代までの日本人には、いまひとつイメージが湧きにくかったのではないでしょうか。

こんなところにも、日中の文化の違いが現れているようです。

日本人のフジへの愛

【藤】

東京近郊の亀戸《かめいど》天神では、毎年、「藤まつり」が開催されます。私も、今を去ること三〇年ほど前の学生時代、ゴールデンウィークに見に行った思い出があります。しかし、最近では四月の半ばごろには満開に。『広辞苑』の「ふじ」の項目にも、「五～六月頃淡紫色または白色の蝶形の花を長い総状花序につけて垂れる」とあるのですが、地球温暖化の影響なのでしょうか。

さて、この「藤」という漢字、「佐藤」「伊藤」「加藤」といった姓が多いので、「トウ」と音読みすることは広く知られています。しかし、固有名詞を離れてこの音読みを使う例は少なく、日常語では「葛藤」くらいしかありません。

「葛藤」とは、相反する二つの感情が心の中でもつれあう状態を指すことば。「葛」は「くず」とか「かずら」と訓読みする漢字ですから、国語辞典でも漢和辞典でも、「葛藤」とは、クズやフジのつるが絡まり合うところから生まれた表現だ、と説明しています。

私もずっと、「葛藤」の語源は「クズとフジ」だ、と思い込んでいました。ところが、あるとき、中国の辞書で「葛藤」のことを「葛的藤」と説明してあるのを見て、のけぞりました。「葛的藤」とは「葛の藤」ということであり、わけがわかりません。

そこで、漢和辞典を調べてみると、「藤」という漢字には「つる」という意味もあることがわかりました。つまり、「葛的藤」とは「クズのつる」のことなのです。

そうだと知った上で『広辞苑』に戻ってみると、「ふじ」の②として、「藤・葛《かずら》などの蔓《つる》」という意味があるではありませんか！　『徒然草』からの用例まで載っています。

これは、おそらく漢字の「藤」の影響で生まれた意味。現在の私たちはそれを忘れてしまって、「葛藤」を「クズとフジ」だと解釈しているのでしょう。

ちなみに、中国語でもフジを指して「藤」という漢字を用いますが、厳密にいえば、日本のフジとは別種なのだとか。ただ、そういう植物学的な違いよりも、文化史的な違いの方が、ここでは重要でしょう。日本人は、昔からフジを愛し、その姿を歌にうたったり、絵や模様として描いたりしてきました。

日本人のフジへの愛は、中国人のフジへの関心よりもはるかに深い。だからこそ、「葛藤」の「藤」を見ると、すぐにフジを思い浮かべてしまうのです。

ウノハナと白ウサギ

【卯の花】

ツツジやフジの花が盛りを終えると、季節はいよいよはっきりと初夏。そのころ、小さく白い花を群がって咲かせるのが、ウノハナです。

私にとってのウノハナは、高校の国語の授業で習った『おくのほそ道』の平泉の条で、曽良が詠んだ「卯の花に兼房みゆる白毛《しらが》かな」のイメージ。ただ、芭蕉と曽良が実際に平泉を訪れたのは、現在の暦でいえば六月の末のこと。ウノハナは盛りを過ぎていただろうと想像されています。

さて、『広辞苑』で「うのはな」を引くと、「ウツギの花。また、ウツギの別称」とあります。そこで「うつぎ」の項目へ飛ぶと、「アジサイ科(旧ユキノシタ科)の落葉低木」で、「初夏、鐘状の白色五弁花をつけ」るという説明。漢字では「空木」または「卯木」で、「幹が中空であることからの名」だと書いてありました。

つまり、「うつぎ」とは「うつろな木」ということで、そこから「空木」と書くようになったのでしょう。では、「卯木」はどこから来たのでしょうか？

漢和辞典で「卯」を調べても、ウノハナやウツギのことは出てきません。この漢字は、十二支の四番目を指すとき専用の漢字。「卯の花」「卯木」といった使い方は、日本語独自の用法なのです。

「卯月《うづき》」といえば、旧暦の四月。そこで、その時期に咲く白い花を「卯の花」というようになった、という説もあります。しかし、その場合、旧暦四月をなぜ「卯月」と呼ぶのか、というさらなる疑問が立ちはだかります。

「卯」は十二支の四番目だから、と答えたくなりますが、旧暦でもほかの月は十二支を冠しては呼びません。それなのに、「卯月」だけが十二支に由来しているとするのには、無理がないでしょうか。ちなみに、中国では十二支を冠して月を呼ぶことがありますが、一一月を「子月《しげつ》」とするので、「卯月《ぼうげつ》」は二月に相当します。

となれば、むしろ、日本では「卯の花」が咲く月を「卯月」と呼ぶようになった、と考える説に従う方が自然なように思われます。

そもそも、「卯」を「う」と訓読みするのは、十二支に動物を当てはめる習慣では、「卯」がウサギに当たるところから。とすれば、細かく群がって咲くウツギの白い花を、ウサギの白い毛にたとえたのかもしれませんね。

文人貴族のバラ屋敷

【薔薇】

バラの花には、爽やかな青空がよく似合います。その青空は、初夏の空でも秋の空でもいいのですが、ここでは、初夏の花として取り上げましょう。東京近辺の五月から六月にかけては、各地でバラに関する催しが開かれて、大賑わいです。

「ばら」を漢字では「薔薇」と書くというのは、あまりにも有名。すらすら書けたら自慢できるという、難読漢字の代表選手のような趣があります。

ただ、『広辞苑』で「ばら」を調べてみると、見出しのすぐ下にはもちろん「薔薇」が掲げてあるのですが、続く説明文の冒頭には「①(「荊棘」とも書く)とげのある木の総称。いばら」とあって、ちょっとびっくりしてしまいます。「ばら」には「荊棘」という書き表し方もある、というのです。

もちろん、これはあくまで①の意味、つまり「いばら」ともいう、とげのある木の総称として使う場合に限られる、というのが『広辞苑』の説明の仕方。続いて②として出て来る、私たちがよく知っている「バラ属の観賞用植物の総称」の場合には「荊棘」とは書かないから、①の中にカッコ書きで「荊棘」を収めてあるわけです。

その違いは、中国の文献にもあてはまります。「荊棘《けいきょく》」という熟語は、たとえば紀元前に書かれた『老子』などにも見ることができますが、そこで描き出されているのは、美しい花ではなく、人を傷つける鋭いとげです。

それに対して、「薔薇《しょうび》」が登場するのは、紀元後の五世紀ごろになってから。このころの有名な文人貴族、劉義慶《りゅうぎけい》の別荘では、木を組んでそこに「薔薇」のつるを這わせて、遠くからはその姿を楽しみ、近くではその花の香りを味わった、という話が残っています。現代のバラ園とほとんど変わりがありませんね。

劉義慶の別荘の「薔薇」は品種もかなり多かったといい、いくつかの品種名さえ伝わっています。ということは、当時、すでに観賞用のバラがある程度、栽培されるようになっていたのでしょう。

つまり、「薔薇」という漢字は、バラを観賞する風習が広まっていく中で登場したという次第。この漢字を生み出したのはバラの花を愛する心だった、といえるのかもしれません。

オダマキの正しい分け方

【苧環】

学生時代、写真入りの歳時記を寝っ転がって眺めていたら、なんともかわいらしい形の花が目に止まりました。その名は、オダマキ。聞いたこともない名前だなあ、いったいどこに咲いているんだろう……。

そう思っていたら、数日後、ご近所の玄関先に、写真そのままの小さな花が鉢植えになって置いてあるのに出会いました。それ以来、オダマキの花を見つけるのが、初夏の散歩の楽しみの一つになっています。

『広辞苑』によれば、オダマキは「キンポウゲ科の観賞用多年草」で、「五～六月ごろ枝頭に碧紫色または白色の五弁花を開く」。独特の形をしたその花については、あれこれ説明するよりも、イラストをご覧いただくのが早いでしょう。漢字での書き表し方としては、「苧環」が掲げられています。

恥ずかしいお話ですが、私は長い間、この「苧環」について深く考えたことがありませんでした。「薔薇《しょうび》」を「ばら」と読むのとおんなじで、どうせもともとは中国語に「苧《ちょ》環《かん》」という熟語があって、それがオダマキを表すから日本語では「おだまき」と読むことになったんだろう、と決めつけていたのです。そして、日本語の「おだまき」は、「おだ・まき」で、「おだ」なるものが存在して、それを「巻く」ことに由来しているんだろう、などと思い込んでいたのでした。きっと、「管を巻く」と勘違いしていたんですね。

ところが、あるとき、ふと、「環」は「たまき」と訓読みできることに気が付きました。とすれば、「おだまき」は「おだ・まき」ではなく、「お・たまき」ではなかろうか……。慌てて中国の辞典を調べてみたところ、「苧環」なんてことばは載っていません。そこで、漢和辞典を引っ張り出してきて、恐る恐る、「苧」という漢字のところを見てみると、やっぱり、「お」という訓読みが載っているではありませんか！

「苧環」を「おだまき」と読むのは、「苧＝お」「環＝たまき」と分解できる、きわめてまっとうな訓読みだったのです。

『広辞苑』にも、漢字で書くと「麻」や「苧」

となる、「お」という項目があります。それによれば、「アサ・カラムシの茎の周辺部の繊維からつくった糸」だとのこと。そういえば、『広辞苑』の「おだまき」の項目では、植物の名前は④の扱いで、①として「麻糸を、中が空洞になるように円く巻きつけたもの」とありました。

なるほど、もともと「苧《お》」という糸を、環状に巻きつけたものを「おだまき」といい、やがて、それに似た花を咲かせる植物も「おだまき」と呼ぶようになったのでしょう。ところで、「環」という漢字は、もともとは、翡翠《ひすい》などで作られたドーナツ状の宝飾品を表します。一方、日本語「たまき」も、環状の腕飾りを指すことば。糸だとか宝飾品だとかいうファッショナブルなイメージを踏まえてオダマキの花を見つめると、そのかわいらしさに一層の輝きが加わるように思えるのでした。

イイギリは椅子の原材料？

【飯桐・椅】

誤解を受けないようにここらで告白をしておきますと、私は、植物の漢字についてたいした知識を持っているわけではありません。もちろん、いくらかの知識は持ち合わせていますが、そんなものはすぐにネタ切れになる程度。そこで、分厚い『広辞苑』のページをあっちこっちめくっては、何かが書けそうな植物の漢字を見つけ出して、そのほかのいろんな書物も頼りにしつつ、うんこら言いながらこの本の原稿を書き継いでいる次第です。

そんな苦労の中で出会った植物の一つが、イイギリ。この木については、ときどき散歩に行く公園の池のほとりにも生えているので、知ってはいました。しかし、漢字でどう書くかなんて、気にしたこともありませんでした。

『広辞苑』によれば、イイギリとは、「ヤナギ科(イイギリ科)の落葉高木」で、「五月頃大きな穂状の花序をつけ、雄花は緑色、雌花は淡紫色。実は南天に似て赤く、落葉後も赤実の果穂が枝に下がる」。漢字での書き表し方には二つあって、一つは「飯桐」。説明文に

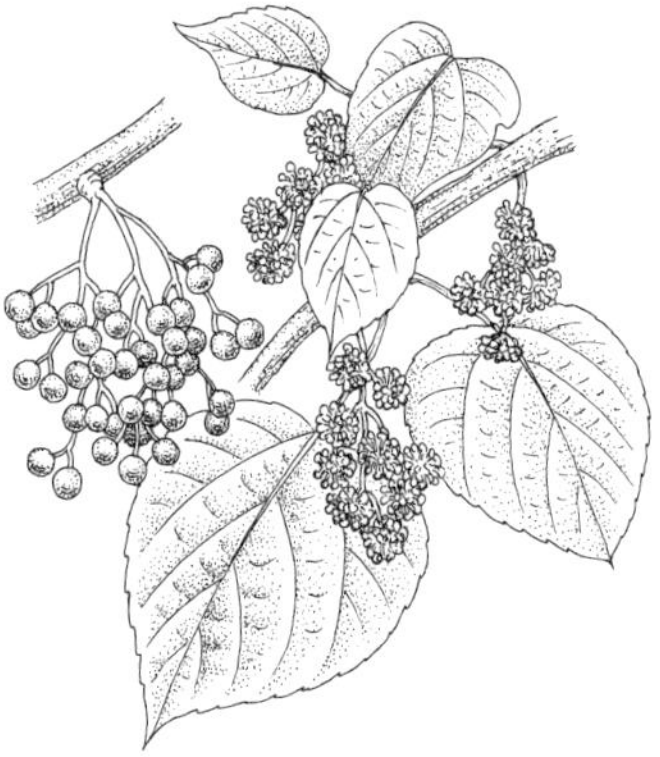

「葉は心臓形で長柄、飯を包んだという」とありますから、それが由来なのでしょう。イラストで見ると、たしかに、ごはんでも包めそうな大きな葉っぱをしています。

　気になったのは、もう一つの方。たった一文字、「椅」とだけあります。これは、もちろん「椅子《いす》」の「椅」。とすれば、イイギリは、昔、椅子を造る材料として使われた木なんじゃないか？　そういえば、説明文の終わりの方には、「材で器具を造る」って書いてあるぞ！

　というのは、例によって私の早とちり。漢和辞典で「椅」を調べると、たしかにイイギリという意味と、「腰掛け」という意味があります。しかし、この二つは、中国語では発音が異なります。つまり、イイギリと「腰掛け」は中国語では別のことばで、たまたま、同じ漢字で表されるにすぎないのです。漢字の世界では、こういうことが時々あるのです。

　実際、樹木名としての「椅」は、紀元前数世紀の中国の詩にも見られます。しかし、「腰掛け」の意味でこの漢字を使うのは、それから一〇〇〇年以上経った一〇世紀ごろになってから、ようやく生まれた用法のようです。

ついでに、私が『広辞苑』の中をさまよい歩くうちに手に入れた別の知識を披露いたしますと、イスノキという樹木もあります。漢字での書き表し方は、「柞」か「蚊母樹」という、何やら見慣れないもの。「マンサク科の常緑高木。西南日本の山中に自生。庭樹としても栽培」とありますから、行くところに行けばよく見られる樹木なのでしょう。

さらに、説明文の最後の方に「材は柱・机などに使用」ともあるので、今度こそ、椅子の原材料発見かと思いきや、これまた、はずれ。調べてみると、残念ながら座る椅子とは無関係。語源的にはユスノキなのだそうです。

アジサイは仙界の花

【紫陽花】

さて、季節はめぐって、いよいよ梅雨。何かと気持ちがふさがりがちなこの季節ですが、それでも、植物たちは折にふれて私たちを元気づけてくれます。

梅雨を代表する植物といえば、なんといってもアジサイ。濃く沈んだ緑色をした葉っぱの上に浮かび上がる淡い花は、記憶のどこかに潜んでいる、幼き日に目にした大きな毬のよう。その情景には、なにやら浮世離れしたような、幻想的な味わいがあります。

「あじさい」を漢字で書くと「紫陽花」となることは、『広辞苑』を引っ張り出すまでもなく、よく知られています。そして、これが、実は日本人の一種の誤解から生まれた書き表し方だということも、ご存じの方が多いかもしれません。

「紫陽花《しようか》」とは、もともとは、八〜九世紀に活躍した中国の詩人、白楽天の造語。あるお寺に咲いていた名前のわからない花を見て、「色紫にして気香《かんば》し」というところから「紫陽花」と名づけた、とその名も「紫陽花」という詩の序文に書き記しています。

この「紫陽花」に対して、平安時代中期の貴族、源順《みなもとのしたごう》がまとめた『倭名類聚抄《わみょうるいじゅしょう》』という辞書では、「あじさい」という訳を付けています。しかし、アジサイは紫色だとはいえても香りはしないので、現在では、白楽天の「紫陽花」はアジサイではない、と考えられているのです。

ただ、ここでちょっと掘り下げてみたいのは、白楽天はどこから「紫陽」という表現を持ってきたのか、ということです。

調べてみると、「紫陽」は、古くから仙人の雅号に用いられるなど、この世を離れた仙界のイメージがあることばです。白楽天は、この花について「頗《すこぶ》る仙物に類す」とも記しています。「紫陽」とは、花の色や香りを表現しようとしただけではなく、仙界の植物かとさえ思わせる、その脱俗的な雰囲気までもが託されたことばなのでしょう。

白楽天の文学は、平安貴族にとっては必須の教養でした。この詩を読んだ源順が、仙界に咲く花のイメージを身近に探したとき、立ち現れてきたのが、雨にけぶる幻想的なアジサイだったのではないでしょうか。

そう考えると、「紫陽花」をアジサイと訳したのは、誤訳ではなく、一種の名訳であるかのようにも思われてくるのでした。

庶民と化したビヨウヤナギ

【未央柳・美容柳】

植物の漢字について調べていると、白楽天の文学の影響はこんなところにも及んでいたか、と感じ入ることがあります。アジサイのついでに、同じころに花を咲かせるビヨウヤナギについても、紹介してみましょう。

カイドウのところ(二二ページ)でも出てきた『長恨歌《ちょうごんか》』といえば、白楽天の代表作。皇帝と絶世の美女、楊貴妃の悲恋を描いた長編の物語詩ですが、その中に、こんな一節があります。

太液《たいえき》の芙蓉《ふよう》 未央《びおう》の柳
芙蓉は面《おもて》の如《ごと》く柳は眉の如し

「太液」とは、皇帝が住む宮中の池の名前、「未央」は、宮殿の名前。楊貴妃の美しい顔立ちや眉毛を、華やかな宮中の「芙蓉」の花やシダレヤナギの枝葉にたとえています。ちなみに、ここでの「芙蓉」は、ハスのこと。それについては、「炎熱の夏」の章で取り上げます（七一ページ）。

この一節から名づけられたのが、ビヨウヤナギ。漢字では、「未央柳」と書きます。『広辞苑』によれば、ビヨウヤナギは「オトギリソウ科の小低木」。「夏、茎頂に大形五弁、深黄色の数花を開き、多数の雄しべが刷毛《けは》のように立ち並ぶ」とあるように、その花はとても印象的。そのあでやかな雰囲気が、楊貴妃の眉を思わせるのでしょう。

ここでの「央」は、「尽き果てる」という意味。「未央」とは、楽しみが尽き果てることのないように、という願いが込められた宮殿の名前です。本来の読み方は「びおう」ですから、「びよう」はそのなまったものなのでしょう。

それが定着した結果、「びようやなぎ」は「美容柳」とも書かれるようになりました。『広辞苑』では、見出しのすぐ下に示されているのは「未央柳」だけですが、説明文の末尾に、別名として「美容柳」を挙げています。

ただ、「美容」という漢字を見ると、今や日本全国、津々浦々に存在している「美容室」や「美容院」が思い出されます。それはそれで庶民的でいいのかもしれませんが、絶世の美女、楊貴妃と引き比べるとどこか残念な気がするのは、私だけでしょうか？

なお、「未央柳」は、中国語由来ではなく、日本語独自の植物名。日本人が『長恨歌』を愛唱する中で、自然と生み出された名前なのでしょう。

ザクロと几帳面な日本人

【石榴・柘榴・若榴】

子どものころ、近所の空き地にザクロの木が一本、植わっていて、一度だけ、友だちとその実を取って食べた記憶があります。小さな赤い歯のようなものが密集しているその見た目といい、プチプチしたその食感といい、甘酸っぱい独特の味といい、その印象はあまりにも強烈。長い間、ザクロといえば果実のイメージしかありませんでした。

その花に目が向くようになったのは、中年になって以降でしょうか。特にきっかけがあったわけではないのですが、梅雨の時期、濃い緑の葉っぱを背景として浮かび上がる鮮やかなオレンジ色に、なんとはなしに心引かれるようになっていったのでした。

『広辞苑』の「ざくろ」の項目にも、私の好きなこの花が、イラストで紹介されています。そして、「ミソハギ科(旧ザクロ科)の落葉高木。ペルシア・インド原産で、栽培の歴史はきわめて古い」とあります。

そんなザクロが中国に渡ってきた時期については、紀元前二世紀、前漢王朝の時代にシルクロードを探検した張騫《ちょうけん》という武将が持ち帰った、という記録があります。しかし、シルクロードを通ってもたらされたものを何でも張騫と結び付けたがるのは、昔の中国人の悪い癖。ザクロが実際に中国に入ってきたのは、もう少し後。紀元後の二〜三世紀ごろのことだろうと推測されています。

そのころの中国の文献では、ザクロは「石榴」「石留」「若榴」「若留」などと書き表されています。音読みではどれも「シャクリュウ」とか「ジャクリュウ」と読めるように、これらは、ある同じことばに漢字を当てたもの。そのことばとは、シルクロードのどこかの民族が使っていたことばで、漢字そのものには、深い意味はありません。

とはいえ、「榴」は、ずっと後の時代になって「手榴弾」のように使われ出すまでは、「石榴」「若榴」以外の形で使われることはありませんでした。つまり、おそらくはザクロを書き表すために作られた漢字。最初は「留」を当て字的に使っていたのでしょうが、樹木の名前だからというので、「木（きへん）」が付け加えられたものでしょう。

となると、「石榴」の「石」の方にも、「木」を付け加えたくなりますよね。実際、『広辞苑』で見出しの下に示されている漢字の書き表し方には、「石榴」と「若榴」の二つに加えて、「柘榴」も含まれています。

ただ、「柘」は、中国ではヤマグワという植物を指すのに使われる漢字で、ザクロを表すときに用いられることはまずありません。「柘榴」は、おそらく日本で生み出された書き表し方。ついでにいえば、植物のツゲを「柘植」と書き表すのも、日本語独自です。

こういうところは、日本人の方が妙に几帳面。ほかにも、たとえば「潑剌」の「剌」の方にも「氵(さんずいへん)」を付けて、「溂」という、こちらは中国にはない漢字を生み出したりもしています。

アヤメが抱える複雑な問題 【菖蒲】

梅雨の時期の花としては、アヤメも忘れてはいけません。日本人のこの花に対する好みには相当に強いものがあり、六月には、全国各地で「あやめ祭り」が開かれます。『広辞苑』の「あやめ」の項目のイラストで、花が大きく描かれているのも、むべなるかなです(次ページ右)。

この花、「いずれアヤメかカキツバタ」といわれる通り、カキツバタとよく似ていることでも、有名です。それだけでもややこしいのですが、漢字的には、同じ漢字を使って別の読み方をする植物がある、という厄介な問題まで抱えています。

『広辞苑』にもある通り、アヤメは「アヤメ科の多年草」で、漢字では「菖蒲」と書き表します。それに対して、この「菖蒲」を音読みしたショウブは、「ショウブ科(旧サトイモ科)の多年生草本」で、まったく別の植物。葉を「端午の節句に菖蒲湯《しょうぶゆ》とする」のは、もちろんショウブの方です。

『広辞苑』では、こちらの項目にもイラストを載せてくれています。アヤメと比べてみると、葉はたしかに似ていますが、ショウブの花は「棒状に密生」する、アヤメの花とは似ても似つかないものです。

さらに話を混乱させるのは、アヤメ科のハナショウブを「しょうぶ」と呼ぶこともあること。たまたま通りかかった町で「菖蒲公園」に出くわしたり、「菖蒲祭り」が開かれていたりした場合には、はて、そこに植えてあるのはアヤメなのか、ハナショウブなのか？　漢字を見ているだけではどれだけ悩んだって結論は出ません。

ただ、現実としては、「あやめ」と読んで欲しい場合にはかな書きにし、「しょうぶ」と読んで欲しい場合には漢字で書くことが多いようです。もっとも、たいていはアヤメもハナショウブも一

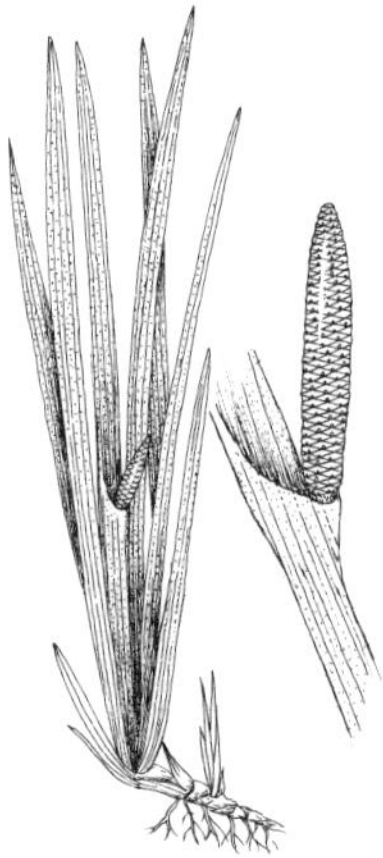

緒に植わっているので、そんなことで悩むのは、私のように漢字に振り回されて生きている、哀れな人間だけなのですが……。

ところで、ある漢字が複数の植物を指すようになる一因としては、日本人の誤解が挙げられます。その漢字が指す植物を日本人が誤解した結果、もともと中国語として表していた植物のほかに、別の植物をも指すようになってしまうのです。

しかし、「菖蒲」については、事情が異なります。この漢字が中国語として表すのは、ショウブ科のショウブ。日本人はそれをきちんと理解していたのですが、古い日本語では、このショウブのことを「あやめ」と呼んだのです。「菖蒲」を「あやめ」と読むようになったのは、この段階です。

ところが、後に、「あやめ」といえばアヤメを指すようにことばの意味が変化してしまったのです。その結果、「菖蒲」を「あやめ」と読むとアヤメを指すことに。そこで、元の「あやめ」、つまりはショウブ科のショウブは、音読みの「しょうぶ」で表すようになった、というわけ。植物の漢字の中では、ちょっと珍しい現象です。

こだわりの香草、ヘンルーダ

【wijnruit】

この章の最後に、これまでとは毛色がだいぶ違った植物を、取り上げておきましょう。ヘンルーダを、ご存じでしょうか？　『広辞苑』を調べると、「ミカン科の多年草。南ヨーロッパ原産」で、「初夏、黄色の小花を集散花序に開く。全草に強い香気があ」るとあります。私も実物を見たことはないのですが、イラストが理解を助けてくれます。

調べてみると、ラヨシュ・バールドシュというハンガリーの作曲家に、日本語では「ヘンルーダが咲いたら」というタイトルで知られている合唱曲があります。もともとはハンガリーの民謡なのだそうですが、その中で、ヘンルーダの花は嫁入り前の村娘にたとえられています。素朴な美しさが感じられる花なのでしょうね。

その一方で、シェイクスピアの『ハムレット』では、悲しみや後悔を象徴する花として出てきます。また、スウィフトの『ガリヴァー旅行記』では、最後にイギリスに戻ったガリヴァーが、人間の体臭に耐えきれず、町を歩くときに鼻の穴にヘンルーダを詰める場面があります。戻ってこなければよかったという後悔を表しているのでしょう。

さて、『広辞苑』の「ヘンルーダ」の説明文の最後には、「漢名、芸香《うんこう》」とあります。ここが、この植物が漢字的におもしろいところ。現在の私たちなら「げいこう」と読んでしまいそうですが、さにあらず。「うんこう」と読むのです。

「芸」を、どうして「うん」と読むのか？　その理由は、この「芸」は、「芸術」「学芸」などの「芸」ではないからです。

第二次世界大戦後の日本では、複雑な漢字の読み書きを簡単にする政策が実施されました。このとき、「藝術」「学藝」のように使われていた「藝」も、簡略化されて「芸」となったのです。

ところが、この「芸」は、昔から、「うん」と音読みしてヘンルーダを表す漢字として、「藝」とは無関係に使われていました。この草は香りが強いところから、書物の虫除けに用いられていました。奈良時代の八世紀に設けられた日本最古の公開図書館を「芸亭《うんてい》」というのは、そのことに由来しています。

つまり、「藝」という漢字の簡略化は、歴史と伝統のある「芸《うん》」という漢字の存在を無視して行われたのです。こういうところが、戦後の国語改革が非難される理由の一つ。現在でも、「芸」は使わず、こだわりをもって「藝」を使い続けている方がいらっしゃるのには、こういう特別な事情があるのです。

とはいえ、一般的に考えて、画数の多い複雑な漢字よりも、画数が少ない簡単な漢字の方が、読みやすく書きやすいこともまた事実です。「芸《うん》」なんて漢字に出会うことは一生ないから、「藝」を「芸」に変えてくれて大助かりだ、という人もいるかもしれません。

戦後の国語改革の功罪を論じるのは、そう簡単なことではなさそうです。

Ⅲ　炎熱の夏

サルスベリは何日間咲く？

【猿滑り・百日紅・紫薇】

夏の花として、私がまっさきに思い浮かべるのは、サルスベリです。レースのように縮れた花は、赤やピンクや白や薄紫と、色には意外とバリエーションがあって、どこか垢抜けたようす。真夏の暑苦しさを忘れさせてくれます。

さて、「さるすべり」の漢字については、「百日紅」と書くのがよく知られています。が、『広辞苑』の見出しの下には、「猿滑り」「百日紅」「紫薇」の三つが示されています。

このうち、中国の古典での最も一般的な名称は、「紫薇《しび》」。一七世紀に王象晋《おうしょうしん》という学者が著した『二如亭群芳譜《にじょていぐんぼうふ》』という植物事典では、項目名としては「紫薇」が掲げられ、「百日紅《ひゃくじつこう》」については解説の冒頭で「一名」として挙げられています。

つまり、「百日紅」も中国語に由来する名前。ただ、『二如亭群芳譜』を眺めていてちょっとおもしろかったのは、「四、五月に花が咲き始め、散っては咲いてと受け継がれて、八、九月に至る。それが名前の由来である」という記述でした。

サルスベリを漢字で「百日紅」と書くのは、七月ごろから九月ごろまで、約一〇〇日もの間、花を咲かせ続けるからだ、とよくいわれます。しかし、この記述によれば、軽く一五〇日くらいは咲きっぱなし。中国と日本とでは、気候が違うからなのでしょうか。

また、中国人といえば、「白髪三千丈」式のおおげさな表現を好むことには定評がありますそんな彼らが、実際より少なめの「百日」で満足しているというのも、ちょっと不思議な気がします。

それはともかく、中国語由来の「紫薇」「百日紅」という、花に着目した優雅な呼び名に対して、木肌の特徴を捉えた「猿滑り」は、いかにも日本語独自の名称のように思われます。しかし、そうとは言い切れない要素もあります。

それは、九世紀の中国で、段成式《だんせいしき》という学者が書いた『酉陽雑俎《ゆうようざっそ》』という書物に、「紫薇のことを、北方の人は「猴郎達樹《こうろうたつじゅ》」と呼んでいる」とあること。「猴」は、サルを表す漢字。この書物では続いて、「この木には皮がなく、サルが駆け登ることができないことを表しているのだ」とも書いてあるのです。

「猴郎達樹」の「郎達」の正確な意味ははっきりしませんが、中国人も、この樹木を「サルが登れない木」だと捉えていたことは、間違いないようです。

ネムノキとエッチな妄想

【合歓木】

明るい太陽の下でサルスベリの花を見るのは、夏の風情の一つです。でも、それとは違って、夏という季節に潜む影の部分、どこかほの暗い情緒を感じさせる花はといえば、それはネムノキではないでしょうか。

『広辞苑』では「六～七月頃、紅色の花を球状に集めて咲く。花弁は目立たず、雄しべは糸状で数多く紅色」と説明されていますが、イラストが添えられていないのが、ちょっと残念。糸状の雄しべは全体が赤いものの根もとは白く、放射状に群がり生えて、異世界の灯火のようなあやしい風情を醸し出しています。

とはいえ、名前から見ると、日本人も中国人も、目をとめたのはこの木の葉っぱだったようです。細かい葉が二枚一組になって生えていて、夜になると閉じるのが、特徴。日本語の「ねむのき」は、それを「眠る」ことにたとえた呼び名。漢字では「合歓木」と書きますが、「合歓《ごうかん》」は中国語でのこの木の名称で、ものの辞書によれば、「夜、一緒になって眠るよろこび」を表します。

ただ、このちょっとエッチな由来説は、昔からずっと真実だった、というわけではないかもしれません。

三世紀の文人、嵆康《けいこう》の文章に、「合歓は怒りを取り除き、萱草《かんぞう》は憂いを忘れさせる」という一節があります。「萱草」は、いわゆる「忘れ草」。憂いを忘れさせるというので昔の中国では母親の部屋の前に植えられたという、親孝行な風習があった花です。

それとペアにして取り上げられていることを考えると、この文章での「合歓」には、好きな相手との共寝のイメージはなさそう。実際、四世紀の崔豹《さいひょう》という学者によると、「ネムノキは葉が細かくて枝が絡まりやすいが、風に揺れると自然とほどけて、互いに引っ張り合うことはない。そこで、この木を庭に植えると人は怒らなくなるのだ」とか。

とすれば、「合歓」とは、シンプルに、一緒にいると怒りを忘れてうれしい気分になる、という意味だと解釈してもよいように思われます。

考えてみれば、夜になって葉っぱが閉じるからといって、なにも共寝をイメージする必要はありません。エッチな妄想をふくらませたのは、もっと後の時代の人たちだったようです。

高みを目指すノウゼンカズラ

【凌霄花】

サルスベリにせよネムノキにせよ、花は小ぶりで色も淡く、繊細な印象を与えます。それに対して、いかにも夏らしく、大きくゴージャスな花を咲かせる植物として私がまず思い浮かべるのは、ノウゼンカズラです。

『広辞苑』によれば、ノウゼンカズラは「ノウゼンカズラ科の蔓《つる》性落葉樹」。「夏、茎頂に橙赤色の大花を開く」ともあります。夏に散歩をしていると、すてきなお宅の生垣などから、イラストでも確認できるような大きな花がいくつもぶらさがって、鮮やかなオレンジ色の輝きを放っている光景に、よく出会います。

この花の名前、漢字では「凌霄花」と書きます。例によってこれは中国での名称で、そのまま音読みすると、「りょうしょうか」。「のうぜんかずら」とは、あまり似ていません。

その点について、『広辞苑』には、「「のうぜん」は古名ノウセウ(陵苕)の転」という注意書きがあります。ここに出てくる漢字、「陵」と「苕」の音読みを、漢和辞典で調べてつなげてみても、「りょうちょう」にしかなりません。でも、それは現代日本語での話。平安時代の日本人は、「陵苕」を「のうせう」と読んでいたらしいのです。「苕」の方は、「せう」→「しょう」→「じょう」→「ぢょう」→「ちょう」とつながりますから、なんとなくわかります。しかし、「陵」の「りょう」と「のう」は、ちょっと見には関係がないように思われます。

ただ、「檸檬《レモン》」をそのまま音読みすると「ねいもう」になるように、漢字の音読みの世界では、ラ行音とナ行音に、しばしば近しい関係が見られます。「のう」と「りょう」が元をたどれば結び付いていたとしても、びっくりすることではないのです。

ところで、「凌霄花」の「凌」とは、訓読みすれば「しのぐ」。「何かの上に出る」ことを表す漢字です。一方、「霄」は「空」のこと。「凌霄花」とは、大空の上まで伸びていく花、といったイメージです。『広辞苑』によれば「高さ約一〇《メートル》」ですから、かなりおおげさではありますが、「凌霄」は、つるを伸ばして高いところへはい上がっていくこの植物の

特徴を、よく表しています。

一方、その古い名前の「陵苕」の「陵」は、高く盛り上がった「おか」を指す漢字ですが、ここでは、「凌」と同じで、「何かの上に上がる」という意味。「苕」の方は、実はこれがノウゼンカズラそのものを指す漢字。紀元前六世紀ごろにはできあがっていたと考えられている、中国現存最古の詩集、『詩経《しきょう》』には、「苕之華《ちょうしか》」という、ノウゼンカズラの花に生きる苦しみを託した悲しい詩が収められています。

つまり、「陵苕」とは、「高くつるを伸ばすノウゼンカズラ」という、ノウゼンカズラの特性を強調した呼び名。それが、同音の「凌霄」へと置き換えられて、天の上まで伸びていくというおおげさなイメージを持つことになったのでしょう。

フヨウを見られない悲しさ

【芙蓉】

真夏の太陽のもと、大きく華美な花を咲かせるノウゼンカズラに対して、大ぶりだけれど清楚な花を咲かせるのが、フヨウです。

「ふよう」を漢字で書くと、「芙蓉」。「アオイ科の落葉低木」で、「夏から秋に淡紅や白色の大形の一日花を開く」というのが、『広辞苑』の説明です。ただし、これは②の説明で、①として、「ハスの花の別称。美人のたとえ」とあります。

実は、中国語での「芙蓉」はハスの花を指すことばで、『広辞苑』のイラスト(次ページ)にもあるあの清楚なフヨウを表すのは、日本語独自の用法なのです。

美人にたとえるのも、中国文学に由来するもの。「初夏から梅雨へ」の章のビヨウヤナギのところ(五二ページ)で引用した、八~九世紀、唐王朝の時代の詩人、白楽天の『長恨《ちょうごん》歌《か》』の一節でも、楊貴妃の美しい顔を「芙蓉」に、美しい眉を「柳」にたとえていましたよね。

その発想は、紀元前二〜一世紀、前漢王朝の時代のさまざまなエピソードを集めた『西京雑記《せいけいざっき》』という書物にまでさかのぼることができます。この書物には、さる大富豪のご令嬢で、貧乏な文人と駆け落ち事件を起こした卓文君《たくぶんくん》について、「眉毛は遠くに見える山の稜線のよう、顔立ちは芙蓉のよう」という記述があります。

日本では、富士山のことを「芙蓉峰」と呼ぶことがあります。あれは、仏教の極楽浄土に咲くハスのイメージかと思っていましたが、優美な姿を美女にたとえていると考えた方が、趣が深いようにも感じられます。

ただ、中国の文学には、また別のタイプの「芙蓉」も見られます。たとえば、四〜五世紀ごろに庶民の間でうたわれた、「子夜歌《しやか》」と呼ばれる歌謡の一節には、次のようにあります。

霧露《むろ》　芙蓉を隠し
蓮を見ること分明ならず

文字通りには、「霧や露がハスの花(芙蓉)を隠してしまって、ハス(蓮)をはっきり見ることができない」という意味ですが、これは女性がうたう恋の歌。ここでの「芙蓉」は「夫容」のしゃれで、いとしい夫の姿(容)のこと。「蓮」も、発音が同じ「恋」の掛詞になっているという次第です。

同じころの「子夜四時の歌」と呼ばれる歌謡の次のような一節も、表向きには小舟を浮かべてハスの実を採るようすを描きつつ、本当は恋しいだれかを思っているのでしょう。

舟を芙蓉の湖に泛《うか》べ
蓮子《れんし》の間に散思《さんし》す

高貴な女性のあで姿もいいですが、庶民のちょっとおしゃれな恋物語も、捨てたものではないですよね？

地球を半周！　ヒマワリの俗説

【日回り・向日葵】

ところで、「あなたにとって最も夏らしい花は？」という質問に対する答えは、十人十色でありましょう。しかし、夏を代表する花だと万人が認める植物を選ぶとしたら、ヒマワリを措いてほかには考えられないかもしれません。そのすらりと伸びた茎といい、黄い花びらに縁取られた大きな花といい、夏の活力そのものです。

「ひまわり」を漢字を使って書き表すと、「日回り」または「向日葵」。どちらにせよ、太陽の方を向く花だというわけですが、『広辞苑』には、「太陽を追って花がまわるという俗説があるが、実際にはほとんど動かない」と、わざわざ断り書きがしてあります。

この「俗説」の起源は、一六世紀の初め、原産地の北アメリカからスペインに輸入された際にまで、さかのぼることができるようです。スペイン語でヒマワリを表すgirasolのgiraは「回る」で、solは「太陽」なのだとか。

中国の文献にこの植物が初登場するのは、一七世紀の初め。「丈菊」という名前で出てきます。その一つ、『二如亭群芳譜』という植物事典には「迎陽花」という別名も記録されていて、「俗説」が伝わっていたことが窺われます。「向日葵」が中国の文献に現れるのは、一七世紀の終わり。それがほどなく、日本にも伝わったものと思われます。

ここでちょっと突っ込んで考えてみたいのは、「菊」と「葵」という漢字の違い。もともとは「丈菊」と呼ばれたのであれば、「向日菊」となりそうなもの。どうして「向日葵」になったのでしょうか？

「葵」は、訓読みすれば「あおい」で、夏に大きく美しい花を咲かせるアオイのこと。実は、昔の中国では、「葵」には太陽の方を向くという性質がある、と考えられていました。古くは、三世紀、三国時代の文人、曹植《そうしょく》（「そうち」ともいう）に、兄でもある皇帝に常に忠誠を尽くそうと思っている自分を、いつも太陽の方を向こうとする「葵」にたとえた文章があります。また、『広辞苑』には、「アオイの花が日に向かうこと」を指す「葵向《きこう》」ということばも収録されています。

「丈《じょう》」とは、昔の長さの単位で、一七世紀の中国では、三メートルちょっと。「丈菊」とは、それほど高くなる菊の一種、といった意味でしょう。その素っ気ない名前に代わって、太陽の方を向くという言い伝えによって新しい名前が考え出されたとき、似た言い伝えを持つ「葵」が選ばれたのは、当然といえば当然のことだったのです。

ホオズキとハロウィンの化け物

【酸漿・鬼灯】

東京は浅草、浅草寺《せんそうじ》の境内では、毎年、七月の九日と一〇日に「ほおずき市」が開かれます。グリーンとオレンジのツートンカラーが映えるホオズキの鉢を売る屋台が、一〇〇軒あまりもずらりと並ぶその光景は、なかなかの壮観です。

ところで、ホオズキのあのオレンジの風船みたいなもの、あれは「宿存萼《しゅくそんがく》」というそうです。この場合の「宿」とは、二日酔いを「宿酔《しゅくすい》」というのと同じで、何かが終わったあとまで続くこと。「宿存萼」とは、実が熟しても残っている萼のことで、『広辞苑』の「ほおずき」の項目には、「球形の液果が嚢《ふくろ》状にふくらんだ宿存萼《がく》に包まれて赤熟」とあります。

さて、『広辞苑』でも見出しの下に示されているように、「ほおずき」を漢字で書くと、「酸漿」か「鬼灯」。このうちの「酸漿」については、一六世紀の中国で李時珍《りじちん》という学者が著した『本草綱目《ほんぞうこうもく》』という植物事典に、「酸漿《さんしょう》とは、果実の味による名前である」という説明があり、中国由来の書き表し方だとわかります。

もう一つの「鬼灯」については、中国語の辞書では、いわゆる「鬼火」、火の玉のことだという説明で、植物とは関係ありません。ということは、日本で独自に生み出された漢字での書き表し方だということになります。

ただ、中国では、「酸漿」の別名として「灯籠草《とうろうそう》」という呼び名もあります。つまり、ホオズキのあのオレンジの宿存萼を「灯り」に見立てるという発想は、日中に共通。日本語オリジナルの「鬼灯」の本当にオリジナルなところは、そこに「鬼」のイメージを重ねたところにあるのでしょう。この場合の「鬼」とは、ツノを生やした怪物ではなくて、死者の魂を指すと考える方が、雰囲気に合うように思われます。

ここで思い出すのは、最近、日本でも大流行のハロウィンで使われる、人の顔のように目と鼻をくりぬかれた、あの大きなカボチャ。聞くところによると「ジャック・オー・ランタン」というのが正式な呼び名。カボチャといっても外側までオレンジ色で、中にろうそくを立ててランタンとして使います。あれは、ケルトの伝説で、死後の世界に受け入れてもらえず、いつまでも現世をさまよう死者の魂なのだとか。

大きさこそだいぶ違いますが、鮮やかなオレンジ色をした植物性の塊に死者の魂を見出す感性は、ケルトと日本とで共通しているようです。

上手なモモの切り方

【桃】

「花より団子」といいますが、見る楽しみと食べる楽しみのどちらに重きを置くかは、時と場合によってさまざまでしょう。とはいえ、ことモモに限っていえば、私は花よりも果実の方に軍配を上げます。

『広辞苑』の「もも」の項目にも、「果実は大形球形で美味」と書いてあります。あの香りといい、まったりと甘い果汁といい、するっとのどを通って胃へと落ちていく果肉といい、最高ではありませんか。ああ、夏が来るのが待ち遠しい！

モモは食べにくいから嫌いだ、とおっしゃる方もいるかもしれません。でも、うまい切り方があるのです。

まず、縦に通っているくぼみに沿ってナイフを入れ、中の種まで達したら、そのまま、ぐるっとナイフを一周させます。そうして、左右のそれぞれの手で半分ずつを持ってぐいっとひねってやると、モモの実はきれいに二つに分かれるのです。

真ん中から出て来る種や、そのまわりの硬い部分は、スプーンなどで取り除く。あとは、リンゴと同じように切り分けていけばいいのです。この方法を覚えて以来、モモを食べるのがますます楽しくなりました。

と同時に、この切り方にはもう一つのご利益がありました。それは、「桃」という漢字のある成り立ち説に、納得がいったということです。

漢字は紀元前のはるか昔に生み出されたものですから、その成り立ちにはわからない点が多く、いくつかの学説が並び立っているのがふつうです。「桃」についてもそうなのですが、その一つに、「二つに分かれるから「桃」と書く」というものがあります。「兆」とは、もともと、亀の甲羅などを焼いたときにできる大きなひび割れを描いた漢字で、そこから、「二つに割れる」という意味を持っているというのです。

学問的な当否は私には判断できませんが、その説を知った当初は、モモがどうして二つに分かれるのかが、よくわかりませんでした。でも、モモの実には、二つに分けてくださいとばかりに縦のくぼみがついているんですものね。

漢字を生み出した古代中国の人々の暮らしと、現在の私たちの暮らしは、案外、そんなにちがわないのかもしれません。

【葡萄】

ブドウの色はどんな色？

モモと同様、夏においしい果物といえば、ブドウもあります。

「ぶどう」を漢字で書くと、「葡萄」。『広辞苑』に「西域の語に由来するという」という注意書きがあるように、シルクロードのどこかで使われていたことばに、当て字をしたものだと考えられています。

その証拠に、ブドウが中国に伝わったと思われる、紀元前二世紀ごろのできごとを記した『史記』とか『漢書』といった歴史書には、ブドウは「蒲陶」や「蒲萄」などといった書き表し方で出てきます。どれも発音は同じで、音読みするなら「ほとう」。そういう発音の異国のことばに、当初はいろいろな当て字がなされたものが、やがて、字形の整った「葡萄」に落ち着いていったに違いありません。

ところで、『広辞苑』には、まったく同じ「葡萄」という漢字でありながら、読み方が異なることばも載っています。それは、「えび」。その説明文はというと、「ぶどう。エビカズラ・エビヅルの類」。簡単にいえば、日本では古く、ブドウのことを「えび」と呼んでいたのです。

ただ、現代に生きる私たちにとっては、「えび」といえば、水中に住むエビのことでしょう。その「えび」とこの「えび」は関係があるのか、ないのか。いろいろ調べてみましたが、諸説紛々でよくわからないというのが、正直なところです。

ブドウそのものを指して「えび」ということは、現在ではめったにないでしょう。とはいえ、「えびいろ」という色があることは、私でも聞いたことがあります。

そこで、またまた『広辞苑』を調べてみましょう。「えびいろ」は、「赤の濃い色。紫がかった赤色」という説明。一方、『広辞苑』には「ぶどういろ」という項目もあって、そちらは「黒葡萄の果実の色。赤みがかった紫の色」となっています。微妙な違いはありますが、どうやら、ほぼ同じ色を指しているようですね。

ところが、色の事典で調べると、「えびいろ」は赤茶系で、「ぶどういろ」は紫系。それぞれ、ゆでたエビやブドウ酒を連想させる色となっています。

現在では、「ぶどう」を「葡萄」と書くことも少なくなり、ましてや、「葡萄」を「えび」と読むことはまれになりました。おそらくは同じ色であった「ぶどういろ」と「えびいろ」も、漢字でのつながりを失って、別ものになりつつあるのかもしれません。

アカザと流浪の老詩人

【藜】

夏になると、道端に生えているいわゆる「雑草」も、旺盛な生命力を示します。ここでは、その中からまず、アカザを取り上げてみましょう。

『広辞苑』によれば、アカザは「ヒユ科(旧アカザ科)の一年草」で「畑地や路傍に自生する」とあります。漢字で書くと、「藜」。「夏、粒状の帯黄緑色の細花を穂状につけ」ますが、それよりも、四方へと伸び始めた葉っぱの付け根が赤みを帯びるのが特徴。イラストでも、葉っぱの付け根に近い部分に暗く色づけがされています。

実物を見ると、この部分は赤黒いという印象。一方、「藜」に含まれる「黎《れい》」は、「暗い」「黒い」という意味。「黎明《れいめい》」とは、まだほの暗い「夜明け」のことです。そこで、これを「艹(くさかんむり)」に組み合わせて、「藜」という漢字が生み出されたのでしょう。

と、いかにもよく知っているかのように書いていますが、実は、この原稿に取り組むまで、私はアカザの実物を見たことがありませんでした。私にとってアカザとは、中国の詩文の中で出会う「藜」という漢字でしかなかったのです。

たとえば、孔子が諸国遍歴の旅の途中、ある国の軍隊に追われて逃げ道を失い、食料も底を突くぐらいに困窮したことがあります。『荘子』が伝える話では、そのときの孔子は、穀物の粒が入っていない「藜の羹《あつもの》」を食べていたとか。『広辞苑』にも「あかざのあつもの」という項目があって、「アカザの若葉を具とした吸物。粗末な食物のたとえ」と説明されています。

また、同じ『荘子』では、孔子の高弟、子貢《しこう》が、高位高官となって兄弟弟子の原憲《げんけん》に会いに行ったところ、原憲はぼろぼろの家に住み、ぼろぼろの衣服を着て、「藜の杖」をついて迎えに出た、という話も語られています。これらのように、中国の古典では、「藜」が、粗末な暮らしや貧乏な生活を象徴するアイテムとして、ときどき登場するのです。
『広辞苑』には、「あかざのつえ」という項目もちゃんとあります。それによれば、「軽く、中風にならないというので、老人が用いた」とのこと。

中国の詩文に出て来る「藜」しか知らなかった私は、これを読んで、ふと、思い当たることがありました。

八世紀、唐王朝の時代の中国の有名な詩人、杜甫《とほ》は、「藜の杖」をつく自分の姿を、くり返し、作品にうたい込んでいます。たとえば、亡くなる五年ほど前に作られた「白帝《はくてい》城《じょう》の最高楼」という作品の結びには、次のようにあります。

藜を杖つき世を歎《なげ》く者は誰《た》が子ぞ
泣血《きゅうけつ》 空に迸《ほとばし》りて 白頭を迴《めぐ》らす

アカザの杖を手に、白髪頭を振り乱して血の涙をほとばしらせながら、世の荒廃を嘆いている老人。詩人は、そんな自分の姿を、他人のように客観的に見つめているのです。

晩年の杜甫は、戦乱を逃れて流浪の旅を続けながら、病にも苦しんでいました。その病気はといえば、中風だとかリューマチだとか、いろいろと推定されているようです。詩人愛用の「藜の杖」には、病からいくらかでも逃れたいという痛切な願いが、託されていたのでしょうね。

才女はイタドリに不満あり！

【虎杖】

ある夏の暑い一日、よく訪れている植物公園に、イタドリを見に出かけたことがあります。「虎杖」と書くその漢字は知っていたものの、いったいどんな植物なのか、きちんとしたイメージがつかめていなかったからです。

『広辞苑』によれば、イタドリは「タデ科の多年草」で、「路傍から高山まで、いたる所に分布」しているのだとか。そんなにありふれた植物なのによく知らないのは、恥ずかしい。そこで、「夏、淡紅色または白色の花穂をつける」というその花の時期を選んで、わざわざ植物公園へと足を運んだのでした。

ところが、着いてみると、カンカン照りの日差しのもと、植物たちは我が世の夏を謳歌している真っ最中。イタドリが植わっているはずの一角なんて、いろんな植物が茂り放題。結局、あれがイタドリだったのかなあ、という淡い感触だけを得て帰ってきた次第でした。

さて、この「虎杖」については、かの清少納言が『枕草子』の中で、「実物はそれほど

でもないのに、漢字で書くと大げさなもの」の一つとして挙げているのが、漢字業界では有名です。「虎は、杖なんかいらないって顔をしているのに」というのが、平安時代きっての才女のご不満。たしかに「竹に虎」ならばともかく、「虎に杖」とは、妙な取り合わせです。

「虎杖」とは、本来はイタドリの中国での呼び名。そこで、例によって『本草綱目』を調べてみると、「杖は茎のことで、虎はそのまだら模様のこと」なのだとか。たしかに、『広辞苑』にも「若芽はウドに似て食用、紅色・微紅の斑点がある」と説明があり、イラストにも、よく見ると茎に斑点が描き込まれています。

でも、これはさすがに李時珍先生のこじつけではないでしょうか。だって、トラの毛皮といえば縞模様。『広辞苑』のイラストのみならず、いろんな画像で見てみても、イタドリで特徴的なのは斑点模様です。いわゆるヒョウ柄の「豹」ならばまだしも、これで「虎」とは言いにくい。清少納言でなくったって、難癖の一つでも付けたくなります。

ところで、「虎杖」については、「杖」の方にもいちゃもんを付けたくなる点があります。

これまた『広辞苑』によれば、「茎は中空で節があり、高さ一《メートル》余」だとのこと。竹に似ているとはいえ、支えにするには強度はそんなになさそうで、長さももう少し欲しいところ。それを「杖」としてよいものか？

しかし、『本草綱目』には、「虎杖」の別名として、「苦杖」「大虫杖」「斑杖」「酸杖」が挙がっています。これほどの「杖」のオンパレードを見せられれば、そういうものだと納得するしかなさそうですね。広い中国のどこかに、イタドリを杖として使う人たちがいて、そこからさまざまな名前が生まれてきたのでしょう。

そんなふうに思っていましたら、インターネットで耳寄りな情報を見つけました。愛知県新城市にある鳳来寺山自然科学博物館では、実際にイタドリの杖を売っているのだとか。いつか、実物を手に取って確かめてみたいものです。

エノコログサはピカレスク？

【狗尾草】

炎天下、都会の駐車場の片隅で、あるいは田舎の田んぼの畔道で、伸び放題に伸びているのが、エノコログサ。細いけれど強靱な茎の先に、ぼわぼわとした穂を付けたその姿は、だれもがおなじみ。雑草の日本代表と呼んでもいいでしょう。

『広辞苑』でも、「イネ科の一年草。路傍に普通に見られる雑草」と、めずらしく「雑草」呼ばわり。漢字では「狗尾草」と書くのは、「夏、緑色の犬の尾に似た穂を出す」からです。

この「狗尾草」は、もともとは中国での名称。日本語の「えのころ」は「犬の子」のことですから、中国と日本で命名の発想は共通しています。それなのに、『広辞苑』にもあるように、別名は「ねこじゃらし」。犬と猫のコラボレーションに、うれしくなってしまいます。

ただ、気になるのは、『広辞苑』の説明の最後に、さらに別の名前として「莠」が挙がっていること。見慣れない漢字なので漢和辞典を調べてみると、音読みでは「ゆう」、訓読みは「はぐさ」。エノコログサなどの雑草を表す漢字だということがわかりました。

一文字でエノコログサを表せるというだけでも驚きですが、実はこの「莠」、相当に古くから使われている漢字なのです。紀元前六世紀ごろまでには成立していたと思われる中国現存最古の詩集、『詩経』に収められた「甫田《ほでん》」という詩に、次のように出てきます。

　甫田を田《た》つくる無かれ
　維《こ》れ 莠《ゆう》驕《きょう》驕《きょう》たり

拙訳を試みれば、「広い田んぼなんて耕すもんじゃない、エノコログサがはびこるばかりだ」。つまり、「莠」は田畑を荒らす厄介もの。漢和辞典のこの漢字の説明に、「悪人」という意味も載っているのは、そのためでしょう。

ところで、漢字の「秀」には、「穂」という意味もあります。そこで、「莠」の成り立ちについて、しばしば引用している『本草綱目』では、「秀(=穂)を出すが実を付けない。だから「秀」という字を含むのだ」と説明しています。

明快な説明ですが、それはそれとして、悪人にもたとえられるこの雑草が、漢字では「優秀」の「秀」を用いて書き表されるということには、ちょっとしたピカレスク・ロマンのような痛快さがないでしょうか?

世界最大！　ショクダイオオコンニャク

【燭台大蒟蒻】

名のある国語辞典の改訂版が出版されると、どんな新項目が追加されたのかが、話題となります。ただ、辞書の改訂作業は多岐にわたるもの。新項目の追加は、その一端にすぎません。なのに、そればかりが注目されるというのは、作り手からするとちょっと残念。とはいえ、最も一般読者にもわかってもらいやすい改訂のポイントであることは、たしかです。

さて、二〇一八年の一月に刊行された『広辞苑』の第七版。新規追加項目は、約一万語だそうですが、植物の項目としては、ショクダイオオコンニャクがあります。

聞き慣れない長ったらしい名前をしたこの植物は、「サトイモ科コンニャク属の植物。スマトラ原産」。追加項目としてなぜ選ばれたかといえば、「花序は高さ三《メートル》、直径一《メートル》以上に達し、全植物中最大」という、その特徴にあるのでしょう。

この世界最大の花は、数年に一度、七月の終わりごろの二日ほどしか咲かないという希少性もあって、東京近辺でも、小石川植物園、神代植物公園、筑波実験植物園といった名だたる植物園が栽培。いざ花が咲くとなると、ちょっとしたニュースになります。『広辞苑』でもイラストを入れて、その独特の花の形がわかるようになっています。

『広辞苑』が示してくれている、この植物の漢字での書き表し方は、「燭台大蒟蒻」。これを見ると、「蒟蒻」という珍しい漢字に目が行きますよね。この二文字を「こんにゃく」と読むのは、音読み。つまり、中国語由来のことばです。

「蒟蒻」ということばは、中国では、古くは三世紀の後半の文章に使用例が見られます。しかし、そこでの「蒟蒻」は、現在、私たちが知っているコンニャクではなく、「蒟」と「蒻」という二つの別々の植物を指していたようです。

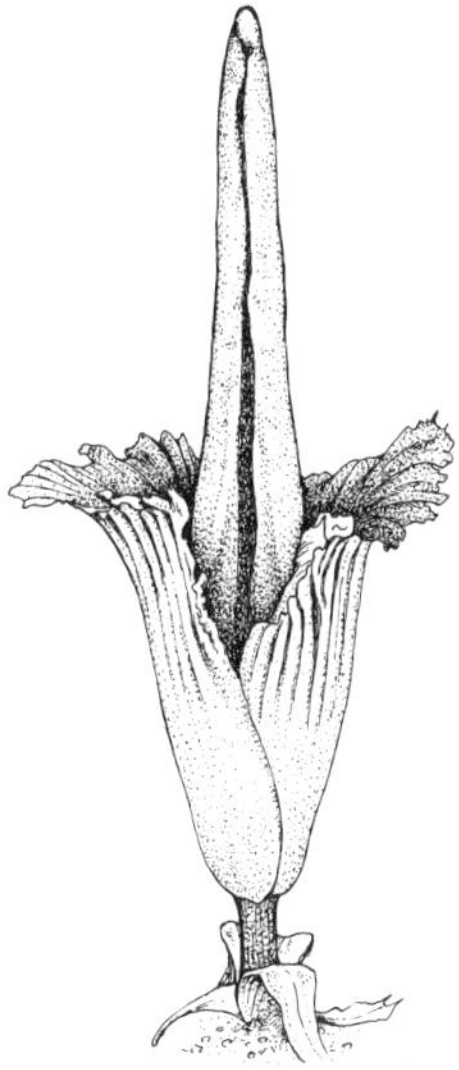

「蒟」は、キンマという植物。『広辞苑』によれば、「マレーシア原産のコショウ科の常緑蔓性低木」。「キンマ」という名称については、「タイ語またはビルマ語の転訛」なのだとか。実を調味料にするそうで、中国語ではよく「蒟醬」の二文字で表されます。日本

語でも、それがそのまま、漢字での書き表し方になっています。

一方、「蒻」の方は、蓮根のこと。キンマと蓮根が結び付いてコンニャクになった経緯はわかりませんが、おそらく、当て字的に使われた漢字がたまたま、キンマの「蒟」と蓮根の「蒻」と一致してしまったのでしょう。

そのコンニャクは、現在の中国語では「魔芋《モーイー》」と表現されるのがふつうです。そこで、ショクダイオオコンニャクも「巨花魔芋《チーフアモーイー》」だとか「泰坦魔芋《タイタンモーイー》」と称されているようです。「泰坦」とは、英語の Titan に対する当て字で、巨人のこと。また、花がとてつもない腐臭を発するところから、英語では corpse flower、つまり「死体の花」とも呼ばれるので、それを訳した「尸花《シーフア》」という中国語名もあります。

日本語、中国語、英語のどれをとっても、つくづくキョーレツな印象を与える植物ですね。

ジュンサイの昔の名前

【蓴菜】


中国のある歴史書に載っている、こんな話があります。

時は三世紀の終わり、三国の分裂時代をようやく収拾した西晋《せいしん》王朝にも、またぞろ内乱の影が差し始めたころのこと。都で役人をしていた張翰《ちょうかん》という人物は、政治の乱れにほとほと愛想が尽きていました。ある日、秋風が吹くのを感じた彼は、「今ごろ、故郷の蘇州あたりでは、「蓴羹《じゅんこう》と鱸魚《ろぎょ》の膾《なます》」がおいしい季節だなあ」と懐かしくなりました。いても立ってもいられなくなった張翰は、そのまま辞職して、故郷へ帰ってしまったとさ。

ここから生まれたのが、「蓴羹鱸膾《じゅんこうろかい》」という四字熟語。故郷に帰りたくてしかたがない気持ちを指して使われます。

「鱸」は、日本ではスズキという魚を指しますが、ここでいう「鱸魚」とは、蘇州界隈を流れる呉淞江《ウースン》(松江)で採れる魚の名前。『広辞苑』によれば、「カジカ科のヤマノカミのこと」。「膾」は、細く切った生肉です。一方、「羹」は、訓読みすれば「あつもの」で、煮ものや汁もののこと。つまり、「蓴羹」とは、ジュンサイのスープ。ジュンサイとは、漢字では「蓴菜」と書くのです。

　ジュンサイは、昔の中国では秋の訪れを告げる風物詩だったわけですが、現在の日本では、七月ごろから出回り始める季節の味。食通とはほど遠い私は、一、二回しか食べたことはありませんが、細かい草の芽を一つひとつゼリーで包んだような奇妙な姿は、記憶に強烈に残っています。

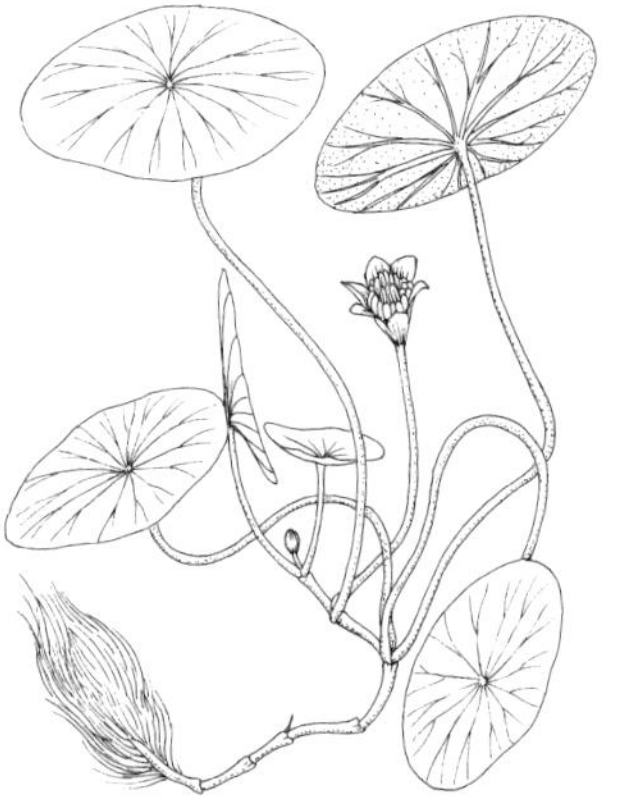

　『広辞苑』で「じゅんさい」の項目を引くと、「ハゴロモモ科(旧スイレン科)の多年生水草」で、「茎と葉の背面には寒天様の粘液を分泌し、新葉には特に多く、若芽・若葉を食用として珍重」と書いてあります。私が知っていたのは食材としての新芽だけでしたので、イラストで全体像を目にしたときには、こんな植物だったのか、と驚いたことでした。

　ところで、「蓴菜」の「蓴」とは、ほかでは見かけない漢字ですよね。そこで、漢和辞典を調べてみると、「じゅん」は音読みで、たいていは「ぬなわ」という訓読みが付けられています。ジュンサイは、「ぬなわ」とも呼ばれるようなのです。

そこで『広辞苑』に戻ると、「じゅんさい」の項目の最後に、たしかに「古名、ぬなわ」とあります。さらに、「ぬなわ」という項目もきちんとあって、漢字での書き表し方は「沼縄」または「蓴」。「ジュンサイの別名」と説明されています。「沼縄」と書くからには、「沼の中に生えている縄のような水草」というところから生じた名前なのでしょう。

とはいえ、「ぬなわ」は古い呼び名であり、現在ではあまり耳にしません。漢和辞典の場合、中国語としての漢字を日本語で説明するというその性格上、見出し漢字にはできる限り日本語、つまり訓読みを付けようとします。そこで、こういう古いことばを引っ張り出してきて、光を当てる結果になることがあるのです。

いつか、小粋な料理屋さんに七月に行くことがあったら、「ぬなわ」を注文してみたいと思います。

バショウの花にびっくり仰天　【芭蕉】

日本列島は、早い年には六月から台風に襲われます。しかし、本格的な台風シーズンが始まるのは、二百十日の前後、八月の終わりから九月の初めにかけてのころでしょう。つまり、台風とは、夏の終わりを告げる存在でもあるわけです。

このころ以降の暴風雨を、昔は「野分《のわき》」と呼びました。

芭蕉野分して盥《たらい》に雨を聞く夜かな

言わずと知れた俳聖、松尾芭蕉の名句です。野分の夜、雨漏りの滴が盥を打つ音を聞くわびしさの中に風流を見出しているわけですが、その外では、バショウの葉が激しい風に大きく揺れているのです。

『広辞苑』によれば、バショウは「バショウ科の大形多年草」。「高さ五メートルに達し」、「葉は長さ二メートル近くの長楕円形」。その馬鹿でかい葉っぱは、イラストにも描かれています。これだけ大きいものならば、台風もさぞかし吹きつけ甲斐があることでしょう。

ただ、野分の夜のバショウに風情を感じるというのは、松尾芭蕉個人の感性というわけではありません。中国の詩には、バショウの葉を打つ雨だれの音が、時折、うたわれます。また、バショウの葉に詩を書き付けるというモチーフもあって、雨とバショウ、詩人とバショウはよくある取り合わせなのです。

そういった、バショウを詠み込んだ漢詩をいくつか見ていると、ちょっとおもしろいことに気付きました。「蕉葉《しょうよう》」といえば、バショウの葉。「蕉衣《しょうい》」といえば、バショウやアサの繊維で作った衣服。このように「芭蕉」を短く言うときには「芭」ではなく「蕉」を取り出すのです。

考えてみれば、「甘蕉《かんしょう》」はバナナ、「鉄蕉《てつしょう》」はソテツといった具合に、バショウと似た植物を指す場合にも、「蕉」が選ばれます。さらには、俳諧の世界で、松尾芭蕉の一門を指すのは、「蕉門《しょうもん》」。その作風は、「蕉風《しょうふう》」。「芭門」でも「芭風」でもありません。

とすれば、「芭蕉」の二文字のうち、本体となっているのは「蕉」の方で、「芭」はその形容なのでしょう。そこで、「芭」を漢和辞典で調べると、「花」という意味がありました。「芭蕉」とは、バショウの花に着目した命名なのかもしれません。

そこで、『広辞苑』の「ばしょう」の項目にもどると、「夏秋に長大な花穂を出して、帯黄色の単性花を段階状に輪生」とありました。しかし、残念なことにイラストには花が描かれていないので、あるとき、実物を見に行ってみました。すると、目に入ってきたのは、ぶっといバネのようなひもの先に、昔の軍艦の大砲の弾でもぶら下げたような、なんとも衝撃的なしろものでした。

なるほど、こんな見た目の花を咲かせるのならば、そこに着目して名前を付けたくなるのも無理はないわなあ。そう感じ入った次第でありました。

Ⅳ 涼風の秋

ハギが咲くのが待ち遠しい！

【萩・芽子】

秋の七草の筆頭といえば、ハギ。漢字では、「艹（くさかんむり）」に「秋」を書いて「萩」。いかにも秋らしい漢字ですが、『広辞苑』に「夏から秋、紅紫色または白色の蝶形花を多数総状につけ」とあるように、気の早いものは夏のうちから咲いています。

ただ、この「萩」という漢字、中国ではヨモギの一種を指していました。「マメ科ハギ属の小低木の総称」としてのハギを表すのは、日本語独自の用法。この花に秋を感じる日本人の思いが、よく現れています。

ところで、私が今回、『広辞苑』に教えてもらったのは、ハギの漢字での書き表し方には、おなじみの「萩」のほかに「芽子」もある、ということでした。

現在の日本では、「芽子」と書いても、伝統的な女性の名前か何かだと思われるのがいいところ。「はぎ」とはまず読んでもらえないことでしょう。しかし、『万葉集』の時代には、ハギを表す漢字といえば、「芽子」が主流だったのです。

ハギは、『万葉集』で最も多くうたわれている植物で、全四五三六首のうち、一四一首に登場します。私が数えてみたところ、原文でハギのことを、「波疑」「波義」といったいわゆる万葉仮名で書き表しているのは、わずかに一三首。残りの一二八首のうち、一一五首は「芽子」を使い、残る一三首は「芽」一文字でハギを指しています。山上憶良《やまのうえのおくら》のあの有名な歌も、その一つです。

芽之花《はぎのはな》　乎花葛花《をばなくずはな》　瞿麦之花《なでしこがはな》　姫部志《をみなへし》　又藤袴《ふぢはかま》　朝皃之花《あさがほがはな》

「芽」とは、もちろん、伸び始めたばかりの茎や枝などを指す漢字。それがどうして、ハギを表すのに用いられるのでしょうか?

ハギは、一度、花を咲かせた古い茎から再び花を咲かせることはありません。翌春、芽として新しく伸び始めた茎に、秋になると花が咲くのです。そこから、「芽」という漢字をハギに当てたのだ、というのが一般的な説明です。

万葉びとたちは、ハギの生態をよく観察していたのですねえ!

実際、『万葉集』の歌からは、当時、すでにハギが庭に植えられていたことが窺われます。自分で植え、花が咲くのをたのしみに育てていたからこそ、「芽子」のような書き表し方が生まれたのでしょう。

キキョウの根っこはどんな形？

【桔梗】

さて、山上憶良の秋の七草の歌で、最後に出て来る「あさがお」は、現在の私たちが知っているアサガオではありません。その実体については諸説ありますが、秋の七草ということでいえば、キキョウのことだとするのが定着しています。

『広辞苑』によれば、キキョウは、「キキョウ科の多年草。夏秋の頃、茎の先端に青紫色または白色の美しい五裂の鐘形花を開く」。イラストが入っているので、その花の美しいシェイプまできちんと味わうことができます。

漢字で書くと、「桔梗」。「梗」という漢字は、「木(きへん)」を「石(いしへん)」に変えた「硬」と関係が深く、硬くなるという意味があります。「脳梗塞」とは、脳の血管が硬くなって、塞がってしまうこと。「きょう」と読むのは、奈良時代ごろより前の比較的、古い時代に日本に伝わった中国語の発音を元にした、呉音《ごおん》と呼ばれる音読みです。

一方の「桔」については、「桔梗」のほかには、はねつるべを表す「桔槔《きっこう》」という熟語で使われるくらいで、はっきりとした意味は見あたりません。そこで、一六世紀に作られた中国の植物事典、『本草綱目《ほんぞうこうもく》』を見てみると、「この草の根は「結実」して「梗直」する、それが名前の由来だ」という記述がありました。「桔」とは、「結」の部首を取り換えたものだというのでしょう。

　ここでのツッコミどころは、根が「実」を「結」ぶものかどうか、という点。眉に唾をつけて聞いた方がいい説であるような気もします。ただ、この書物の著者、李時珍《りじちん》が、名前の由来を根に求めたのは、的外れではないでしょう。なぜなら、昔の中国の人たちにとってのキキョウとは、根を薬にする植物だったからです。

　たとえば、紀元前四〜三世紀ごろのできごとを記した『戦国策』という歴史書に、次のような話があります。

　淳于髡《じゅんうこん》という人物が、あるとき、斉《せい》という大国の王さまに有能な人材を推薦するという触れ込みで、七人もの人物をいっぺんに連れて来ました。王はびっくりして、「才能のある人物とは、そんなにたくさんいるものなのか？」と尋ねます。すると、口が達者なことで知られた淳于髡、「いるところにはい

るものです。柴胡《さいこ》や桔梗だって、変なところを探しても見つかりませんが、探すところさえ間違えなければ、荷車いっぱい、見上げるくらいに採れるものでしょう?」と答えたのだとか。

「柴葫」とは、「柴胡」とも書く薬草。日本ではミシマサイコが知られていて、『広辞苑』では、「セリ科の多年草」で、「根は黄褐色で太く長く、乾したものが漢方生薬」になる、と説明されています。それと並べてあるのですから、ここでは「桔梗」も薬草で、だからこそ、役に立つ人物のたとえともなるのです。

『広辞苑』の「ききょう」の項目には、「根は牛蒡《ごぼう》状で太く、乾して漢方生薬の桔梗(根)とし」ともあります。李時珍先生の「結実」はともかく、「梗直」の方は信じてもよいように思われます。

ナデシコというには武骨だなあ……

【撫子・瞿麦】

世の中には、名前だけは有名だけれど、実物は案外、知られていない植物がけっこう存在するのではないでしょうか。ここまで取り上げてきた中でいえば、「ウドの大木」で有名なウドがそう。ウノハナも、おからの方が親しまれすぎて、本家本元を目にすることはあまりないのではないかと思われます。

ナデシコだって、その一つ。日本的な女性をいう「大和撫子」は大好きなのに、実際のナデシコの花はよく知らないという人は、少なからずいらっしゃることでしょう。かく言う私も、若いころはその一人。大和撫子に対する激しい憧れに身を焦がしつつも、実際のナデシコの花がどんなふうに可憐なのかについては、考えてみたことすら、ありませんでした。

『広辞苑』によれば、ナデシコは、「ナデシコ科の多年草。秋の七草の一つ」。「八〜九月頃、淡紅色の花を開く。花弁は五枚で先が糸状に裂けている」のが特徴で、イラストを見るとそのことがさらによく理解できます。

漢字での書き表し方としては、よく知られた「撫子」とともに、「瞿麦」も挙がっています。これは、中国語に由来する書き表し方。『広辞苑』には、「なでしこ」とは別に、「瞿麦」をそのまま音読みした「くばく」という項目もあって、「①セキチクの漢名。②撫子《なでしこ》の異称」と説明されています。

そこで、こんどは、『広辞苑』で「せきちく」を調べてみると、漢字では「石竹」。「ナデシコ科の多年草」ではありますが、「中国原産」で、「五月頃、茎頂や枝端に直径三センチメートルほどの五弁花を付ける」とのこと。先に見たナデシコの花の説明は「八〜九月頃、淡紅色の花を開く」でしたから、別ものだということがわかります。

『万葉集』では、「なでしこ」を書き表すのに「瞿麦」のほか、「石竹」も使われています。中国での「瞿麦」と「石竹」は、厳密にいうと違う植物を指すらしいのですが、よく似ているので同じものとして扱われることもあります。そして、その両者は特徴がナデシコに似ていたところから、日本ではナデシコと同じ植物だと思われていたのです。「撫

子」は、もっと後になって生まれた、日本語独特の書き表し方なのです。

これまでもたびたび触れてきたように、ある漢字が日本語と中国語とでは別の植物を表すというのは、よくあることです。日本人も、どこかの段階でそれに気づくわけですが、それでも元の漢字を使い続けるのがふつう。「撫子」のように、新たな漢字での書き表し方が作り出されて、そちらの方が定着するというのは、めずらしいといえるでしょう。

漢字だけ見ると、「石竹」は硬くて融通が利かなさそうですし、「瞿麦」は食料だと思われそうです。ナデシコのあの愛らしい姿を表すには、これらはちょっと武骨すぎる。そんな日本人の思い入れが、「撫子」誕生の背景にはあったのかもしれません。

コスモスの別名って知ってる?

【秋桜】

ハギもキキョウもナデシコも、秋の七草の一つとはいうものの、夏のうちから花を咲かせていますよね。まだまだ暑いうちから涼しい秋を感じたい。そんな思いが、これらの植物に目を向けさせるのでしょう。

コスモスも、『広辞苑』では「キク科の一年草。メキシコ原産」で、「秋、大形の頭花を開く」となっていますが、花は八月のうちから見かけますよね。漢字では「秋桜」と書き表すのが有名ですが、これは、本来は「あきざくら」と読む、コスモスの日本語名。『広辞苑』にもちゃんと「あきざくら」という項目があって、「(花の形が桜に似るとしていう)コスモスの異称」とあります。

「コスモス」の項目の方にも、説明文の最後に、「秋桜。おおハルシャぎく」と別名が挙げてあります。ただ、これを見て私が気になったのは、「おおハルシャぎく」の方。このなんとも落ち着かない書き表し方! 「ハルシャ」とはいったい何なのでしょうか?

その謎を解くべく、『広辞苑』で「ハルシャ」を引いてみました。すると、「ペルシアの訛」とあります。漢字では「波斯」。つまり、「ハルシャ」とは、現在のイランあたりを指すことば。外国地名だから、カタカナ書きだったのです。

『広辞苑』には、「ハルシャぎく」もちゃんと載っています。それによれば、「夏、細長い花柄にコスモスに似た頭花を多くつける」とのこと。そして、「北アメリカ原産」なのだそうです。

新大陸から渡ってきた植物に、旧大陸でも最も古くから文明の華を咲かせた地域の一つ、ペルシアの名前が付いているというのも、おもしろいですよね。調べてみると、「波斯菊」とは、もともとは中国での呼び名のようです。アメリカからヨーロッパへと渡り、ペルシアを経て中国にもたらされたのでしょうか。

もっとおもしろいのは、『広辞苑』によれば、「ハルシャぎく」は漢字で「春車菊」と書くこともある、ということ。「春」を「はる」と訓読みしているのですから、これは、日本語での当て字でしょう。夏に咲く花の名前を「春」という漢字を使って書き表すなんて、いい加減というか、鷹揚というか。

そのあたりの脱力感が、たまらなく気に入ったことでした。

ワレモコウの大いなる謎

【吾木香・我毛香・吾亦紅・割木瓜】

かつてのベストセラー、一九六九年に出版された庄司薫の青春小説、『さよなら快傑黒頭巾』の中に、こんなシーンがあります。

あるパーティに出席した主人公の薫くんは、妙な中年男性に絡まれます。そのおじさん、肺がん防止用のフィルターを付けているためにしわが寄っている煙草をさかんに吸いながら、最近の若者の行動をにこやかに批判し続けるのです。頭にきた薫くんは、そのおじさんに対して軽やかにこう言い放ちます。

「シワよせて、煙草すうかや、ワレモコウ。」

ワレモコウは、秋の訪れを告げる花。つまり、何を言ったってあなたの人生はもう秋でしょう？　というのです。

一八歳のときにこの場面を読んだのが、私の初めてのワレモコウ体験。例によってイメージ先行の出会いで、いったいどんな花なんだろうなあ、と思ったものでした。

その後、秋の野山に出かけるたびに、ワレモコウを探してみたのですが、なかなか実物にはめぐりあいません。それもそのはず、『広辞苑』によれば、ワレモコウとは「バラ科の多年草」で、「晩夏、暗紅紫色の小花を球形の花序に密生」。ワレモコウの花は「晩夏」に咲き、秋に入ると早々に終わってしまうのです。

イラストにもある、素朴な味わいのこの花の実物を見ることができたのは、自分自身が、薫くんが腹を立てた相手のような、中年男性になってしまってからのことでした。

ところで、ワレモコウには、漢字での書き表し方がたくさんあります。『広辞苑』では、「吾木香」「我毛香」「吾亦紅」の三つが挙がっていますが、ほかに「割木瓜」もあります。それぞれいわれはあるようですが、そもそもワレモコウという名前の由来がはっきりしないので、漢字ではどう書くのが最も適切なのか、判断することはできません。

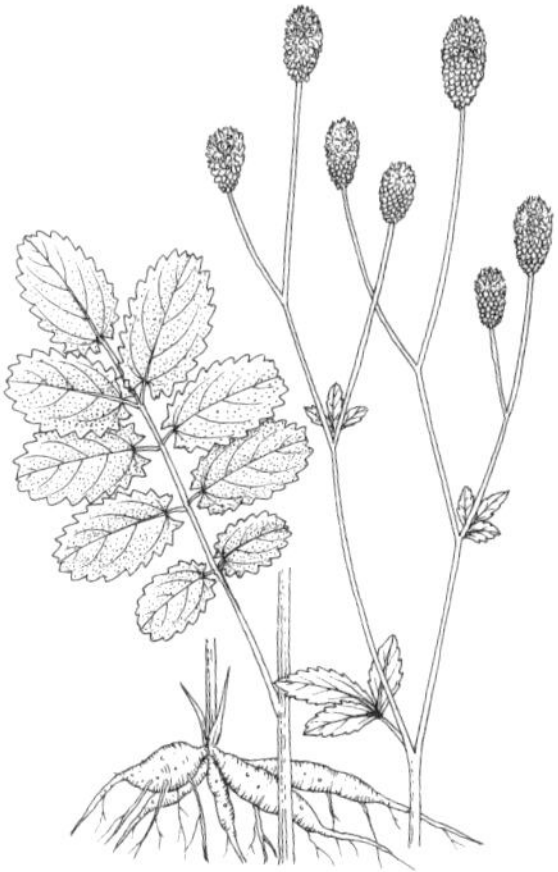

ちなみに、「地楡」と書いて「われもこう」と読ませることもありますが、これは、中国語でのワレモコウの名称に由来するもの。『広辞苑』では、「ちゆ」と読む「ワレモコウの漢名」として、別項目となっています。

つまり、ワレモコウを漢字でどう書くかについていえるのは、個人的な好みだけ。ならば、私としては、やはり「吾亦紅」がイチオシです。

「亦」は、漢文によく出て来る漢字。「亦《ま》た」と訓読みして、あることに加えて別のこともまた……という文脈を表します。そこから、この漢字には「もまた」というニックネームが付いています。

そこで、「吾亦紅」とは「私もまた紅い」という意味になるわけですが、何に加えて「私もまた」なのか、「紅い」から何だというのか、さっぱりわかりません。

春や夏の鮮やかな花は、自己主張がはっきりしています。それに対して「吾亦紅」は、「われ」と名乗りを上げているくせに、大いなるクエスチョン。そのアンバランスが、最高です！

ススキの漢字を求めて……【薄・芒】

仲秋の名月とは、元来は旧暦の八月一五日のお月さまのこと。現在の暦では、だいたい、九月初旬から一〇月初旬にあたります。この夜のお月見に欠かせないものといえば月見団子ですが、ススキを飾る風習も、よく知られています。

『広辞苑』で「すすき」の項目を見ると、最初に「①むらがって生える草の総称」とありますが、私たちが知っているいわゆるススキは、②の方。「イネ科の多年草」で、「秋、十数本の側枝のある黄褐色の花穂を出す」との説明です。

掲げてあるイラスト(次ページ)は一本だけのススキですが、「土手・荒地などにしばしば大群落を作る」ともあります。ススキが広がる野原は、日本人の原風景の一つでありましょう。

漢字での書き表し方としては、「薄」と「芒」の二つが示されています。このうち、「薄」は、本来はもちろん「うすい」という意味を持つ漢字で、ススキを指して使うのは、日本語独自の用法です。

一方、「芒」の方は、イネなどの実を包んでいる殻のうち、先っぽのとがった部分を指すのが基本の意味。訓読みすれば「のぎ」。転じて、広くとがったものの先っぽを指したり、はっきりとは見えないようすを表したりもします。ススキを指す用法については、日本語独自のものだとする漢和辞典もありますが、現代中国語の「芒草《マンツァオ》」とはススキのことですので、中国にはまったくなかった用法だとまではいえなさそうです。

とはいえ、漢詩文では、ススキを表す「芒」にはお目にかからないのも、事実。「芒《ぼう》鞋《あい》」という熟語はあるのですが、これはいわゆる「わらじ」。ここでの「芒」は、ススキの茎も含んでいるかもしれませんが、広く「わら」を指すと考えた方がよさそうです。

ススキを含む植物を表す漢字には、「茅」もあります。これは、屋根を葺く材料として使われる草の総称。訓読みでは「かや」と読み、「茅葺き屋根」のように使われます。この漢字は、漢詩文ではよく出てくるものの、やはりススキだけを指しているわけではありません。

そう考えると、ススキという植物そのものをダイレクトに表す漢字は見あたらないわけで、漢字の世界でのススキの影の薄さが、気になります。調べてみると、仲秋の名月をめでる風習は中国から渡ってきたものですが、その際にススキを飾るのは、日本独自のものなのだとか。日本と違って、中国の文化の中では、ススキはあまり重要な地位を与えられていないようです。

その昔の日本人は、ススキを表す漢字がないという事実に直面して、さぞかし困ったことでしょう。そこで、イメージに似通うところがある「薄」や、ススキを含む植物を指すこともある「芒」を「すすき」と読むことにしたのではないでしょうか。

ここまでたびたび触れてきたように、日本人は、植物の漢字を誤解して、しばしば独自の用法を生み出してきました。しかし、ススキのように、誤解ではなく、より積極的な思いが独自の用法を生み出すこともあるのです。

陶淵明のキクはどんな形？

【菊】

残っていた夏の匂いも消え去り、本格的な秋が到来するころの花の王者といえば、なんといってもキクでしょう。毎年、一〇月ごろになると、あちこちで菊祭りが開かれます。

漢和辞典編集の仕事を始めたばかりのころのこと。「菊」を「きく」と読むのは音読みだということに気づいて、ハッとしたことがあります。音読みとは、昔の中国語の発音が変化したもので、いわば古い外来語。キクは、春のサクラとともに日本人の季節感を代表する植物ですが、実はそれが外来語だという事実に驚いたのです。

『広辞苑』の「きく」の項目を見ると、「原産は中国大陸、日本には奈良時代以後に渡来、江戸時代に改良が進む」とあります。キクへの愛は日本人の専売特許ではなく、中国にはさらに長い歴史があるのです。

中でも有名なのは、四～五世紀の詩人、陶淵明《とうえんめい》。「飲酒」という連作詩の中で、

秋菊《しゅうきく》 佳色《かしょく》有り

露を裹《まと》うて其《そ》の英《はなぶさ》を掇《と》る

とうたっています。露にぬれた美しい色合いの菊の花を摘み取ってどうするかというと、お酒に浮かべて飲み、俗世の憂いを忘れ去るのです。

ところで、キクには、菊祭りで飾られる立派なものからいわゆる野菊まで、いろいろな種類があります。陶淵明さんが悦に入ってお酒に浮かべていたのは、どんなキクだったのでしょうか。

漢和辞典の「菊」のところを見ると、「菊花酒」という熟語がよく載っています。そこで、中国の「菊花酒」の画像をインターネットで探してみると、食用菊のような、真ん中まで花びらが密集したキクが漬け込まれたお酒が、たくさん見つかりました。陶淵明の菊酒も、こんなイメージなのでしょうか。

野に生える素朴なキクは、花の周辺だけに花びらが付いている形。古代の中国に咲いていた原種のキクも、おそらくそんな形だったのでしょうが、中国人の愛好心はそれをほどなく改良し、密集型のキクを生み出したことでしょう。

そう考えると、「菊」という漢字に含まれる「匊」の形も、密集型のキクの絵に見えてきたのでした。

可憐なだけがリンドウじゃない！

【竜胆】

キクがその風格で秋を代表するのだとすれば、可憐さで秋を代表する花は、リンドウではないでしょうか。

『広辞苑』によれば、リンドウとは「リンドウ科の多年草。山野に自生し、古くから観賞」されたとのこと。リンドウの何を観賞していたかといえば、もちろん、「秋、紫色鐘形の花を開」くというその花でありましょう。

ちなみに、リンドウ科には、ハルリンドウという種類もあります。『広辞苑』の説明では、こちらは「五月頃、茎頂に青紫色で鐘形の花を開く」。秋のリンドウに負けず劣らず、可憐な花で私たちを楽しませてくれます。

さて、「りんどう」を漢字で書くと「竜胆」。そのままでは「りゅうたん」としか読めないですよね。でも、平安時代のころの読み方では、「りうたん」。この「う」と「ん」が入れ替わって「りんたう」となり、それが変化して「りんどう」になったのだと、どこかで読んだ記憶があります。

ところで、「竜」は、かわいそうなことにあまり人気のない漢字で、いわゆる旧字体の「龍」でないとリュウらしい雰囲気が出ないというのが、もっぱらの評判。伝説上の動物について、見てきたかのように雰囲気を語るのもいかがなものかとは思いますが、たしかに、「竜」よりも「龍」の方がカッコイイことは否めません。

となると、「竜胆」も、「龍胆」と書きたくなります。ところが、辞書編集者の悲しい性、「竜」を旧字体にするのなら「胆」も旧字体にすべきだ、などとつまらぬことが気になります。そこで、「膽」というおそろしく複雑な旧字体を漢和辞典から呼び出してきて、「龍膽」と書いてみることになります。

そこでハッと我に返るのです。『広辞苑』のイラストにもあるあのかわいらしい花を、「龍膽」などというゴテゴテした漢字で書き表すのは、ちょっと興ざめではなかろうか、と。

でも、このたび、『広辞苑』の説明文を読んで、私はちょっと別の考え方をするようになりました。「根は赤褐色で苦く、漢方生薬の竜胆《りゅうたん》とし、健

胃・消炎剤」。薬としてならば、竜の胆《きも》なんて、いかにも効きそう。ゴテゴテしまくっている「龍膽」になると、さらに効果覿面《てきめん》じゃないか、という気がしてきます。まして、その味が苦いのだとなれば、なおさらです。

リンドウと聞いて可憐な花を思い浮かべて、「龍膽」なんて漢字はそぐわないと感じるのは、私の勝手な思い入れ。難しい漢字の方がふさわしいことだってあるのです。

そもそも、一つのことばの書き表し方は常に一つでなければならない、と決めてかかる必要など、ないのですから。

それってフジバカマなの？

【藤袴・蘭】

春の七草と秋の七草の名前を覚えたのは、小学校高学年のころだったでしょうか。花が好きだった母が、教えてくれた記憶があります。ただ、母は実物を見せながら教えてくれたわけではなかったので、私の頭の中では単に名前にすぎないままの花が、いくつもありました。というより、一四種類の植物のほとんどが、単なる「知識」にとどまっていたといった方が、正確でしょう。

フジバカマも、その一つ。フジというからには穂が垂れるような花で、ハカマというからにはそれが袴に似ているんだろう、と漠然と思っていたくらいだったので、初めて現物を見たときには、かなり驚いたものです。

『広辞苑』によれば、フジバカマとは、「キク科の多年草」で、「全体に佳香がある。秋、淡紫色の小さな頭花多数を散房状に開く」。名前にフジと冠するように、たしかに薄紫色ではあるのですが、花は天に向かって咲く形で、フジの花とはかなり違うイメージ。イラ

ストにも描かれている花の形が袴に似ているという説もあるのですが、私にはいまひとつピンときません。

さて、「ふじばかま」は、漢字ではもちろん「藤袴」と書きます。ただ、『広辞苑』の説明の最後の方に、「名義抄「蘭、フヂバカマ」」と書いてあるのが、気になります。これは、一二世紀の終わりごろに日本で作られた『類聚名義抄《るいじゅうみょうぎしょう》』という辞書では、「蘭」という漢字を「フヂバカマ」だと説明していることを表しています。

実際、昔の中国では、フジバカマを指して「蘭」の字が使われていました。漢和辞典で「蘭」を調べてみると、たいていは①の意味として、フジバカマを挙げています。しかし、続いていわゆるラン科のランも挙がっています。

ラン科のランはゴージャスな花を咲かせますが、フジバカマの花は素朴な雰囲気。昔の中国の人々は、どうやら、よい香りがする植物であれば見かけにはおかまいなく、まとめて「蘭」で表していたようなのです。

そこで困ってしまうのは、漢詩文を読んでいて「蘭」が出てきたときに、それはフジバカマなのかランなのか判断がつかない、ということ。たとえば、「金蘭の契り」とは、儒教の経典の一つ、『易経《えききょう》』に出て来る、「心が通じ合う二人の交わすことばは、蘭のようにかぐわしい」という意味の一節から生まれた故事成語。親密な友情のたとえとして使われます。が、その場合、イメージすべきなのはゴージャスなランなのか、素朴なフジバカマなのか……。

しかし、よく考えてみると、香りに焦点を当てた時点で、見かけは度外視しているということなのでしょう。ゴージャスさだとか素朴さだとかには惑わされないで、本質をしっかりとつかむことこそが大切。一見、奇妙にも思われる「蘭」の多義性は、私たちにそんなメッセージを投げかけているのかもしれません。

キンモクセイの木肌の観察

【金木犀】

さて、秋に香る花といえば、キンモクセイを挙げておかねばなりません。抜けるように青い空のもと、町を歩いていてふとキンモクセイの香りに気づき、秋になったなあと感じた経験は、どなたにもあることでしょう。

キンモクセイについて、『広辞苑』には、「モクセイ科の常緑小高木。中国原産の観賞用植物で、古くから庭木とされる」とあります。そして、「秋、橙黄色で芳香の強い小花を多数開く」。漢字では「金木犀」と書きます。

「犀」は、部首「牛」にも現れているように、ウシのような大型の動物、サイを表す漢字です。「さい」と読むのは、呉音《ごおん》と呼ばれる、奈良時代ごろよりも前に日本に伝わった音読み。それより後に遣唐使などによって伝えられた音読み、漢音《かんおん》では、「せい」と読みます。

このうち、「金木犀」では、漢音の方が定着しているという次第。それにしても、植物の名前に動物の漢字が使われているのは、なんとも不思議ですよね。

ところで、昔の中国では、キンモクセイを含むモクセイのことを、「桂」という漢字で表すのが一般的でした。「桂」が指す植物はいろいろあるのですが、そのうちの一つがモクセイ。「桂花」といえば、キンモクセイやギンモクセイの花。キンモクセイの花を漬け込んだお酒が、中国酒として人気がある「桂花陳酒」です。

「桂花」は、六世紀ごろにはすでに詩にうたわれています。それに対して、「木犀」という呼び名が使われるようになったのは、もっとあとになってからのようです。

一二世紀の文人、張邦基《ちょうほうき》が著した『墨荘漫録《ぼくそうまんろく》』という書物には、「木犀」は、「江浙《こうせつ》（長江の中・下流域）」に多い、という記述が出てきます。そして、その名前についてちょっとおもしろい話が載っています。

「湖南（長江の中流の南側）では九里香と呼び、江東（長江の下流の南側）では岩桂《がんけい》といい、浙江（江東のさらに南）の人は木犀という。木肌の模様が犀のようだからだ」。

これを知った後、私はまず動物園に出かけ、プールで水浴びをしているサイの肌をじっくりと観察し、次に、近所のお庭に植わっているキンモクセイの木肌につくづく眺め入ってみました。イマイチ納得できなかったことは、言うまでもありません。

カリンをめぐる三角関係

【花櫚・榠樝・花梨】

この章では草花をたくさん取り上げてきましたが、キンモクセイが出たところで、樹木の方に目を移してみましょう。まず、取り上げてみたいのは、カリンです。

これまでにも見てきたように、漢字の世界では、一つの漢字が二つ以上の植物を指していることが、よくあります。たとえば、「萩」は中国語ではヨモギの一種ですが、日本語ではハギ。「瞿麦」は、中国ではセキチクやそれに似た植物を指すのに対して、日本語ではナデシコを表すのに用いる、といった具合です。

それとは逆に、同じ一つの日本語が二つの植物を指し、漢字で書くと別の書き表し方になってしまう、ということもあります。カリンがその例です。

『広辞苑』で「かりん」を調べると、二つの植物名が並んでいます。一つめは、漢字では「花櫚」と書く、「マメ科の高木」。二つめは、「榠樝」というむずかしい漢字を使って書き表される、「バラ科の落葉高木」です。

私たちが知っている、一一月ごろに出回る果実を漬け込んでお酒にしたり、のど飴の原材料にしたりするのは、バラ科の「榠樝」。果実は薄黄色ででこぼこしているのが特徴ですが、『広辞苑』のイラストでは、その果実だけでなく、花のようすも確認することができます。

一方、マメ科の「花櫚」にはイラストはありませんが、「家具・細工物などの高級材」だとの説明。この二つが同じ名前で呼ばれる理由については、調べてみたところ、木目がよく似ているからだ、という説があるようです。

ところで、「かりん」には「花梨」という書き表し方もあって、漢字が簡単でしかもかわいらしいところから、よく使われています。

『広辞苑』でも、バラ科の「榠樝」の方に「「花梨」とも書く」と注意書きがあります。ほかの多くの国語辞典も同様で、「花梨」はお酒や飴になる「榠樝」と同じだ、という立場。ところが、中国の辞書を見ると、「花梨」は「花櫚」だと書いてあるので、頭を抱えてしまうのです。

実際、一六世紀ごろにまとめられた、あの孫悟空が大暴れする『西遊記』には、「花梨」の木箱が出てくる場面があります。また、一八世紀、才子佳人の恋模様を描いた長編小説、『紅楼夢』には、「花梨」の机が登場します。「花梨」は家具の材料となるのです。それは、マメ科の「花櫚」と同じではありませんか！

とすれば、「かりん」には、「花櫚」と「榠樝」という二つの植物があるだけではなく、「花梨」と書いた場合には、日本と中国で指す植物が違うという、たいへんややこしい事態になっているわけです。植物の名前と、それを書き表す漢字との関係はかくも複雑で、辞書編集者泣かせなのです。

サイカチの細かい話

【皂莢】

次に取り上げる樹木は、サイカチ。「マメ科の落葉高木。高さ三〜五《メートル》」で、「秋、長さ三〇《センチメートル》余の莢《さや》を垂下する」と、『広辞苑』にはあります。

漢字での書き表し方として掲げられているのは、「皂莢」。中国語名に由来する書き方ですが、「莢」という漢字が使われているのは、『広辞苑』のイラスト（次ページ）では左の方に示されている、長い莢が特徴的だからでありましょう。

漢字的に興味深いのは、「皂」の方。この漢字をそのまま、漢和辞典で探しても、簡単には見つけられないかもしれません。

実は、漢和辞典に正見出しとして載っているのは、「皁」という漢字。音読みは「そう」で、サイカチなどの木の実を指す用法があります。ある説によれば、「白」の部分が木の実で、「十」は木の枝を表すのだとか。「皂」は、その下の「十」の部分が変形して「七」になった、いわゆる「異体字」と呼ばれるもの。漢和辞典では、正見出しとしては

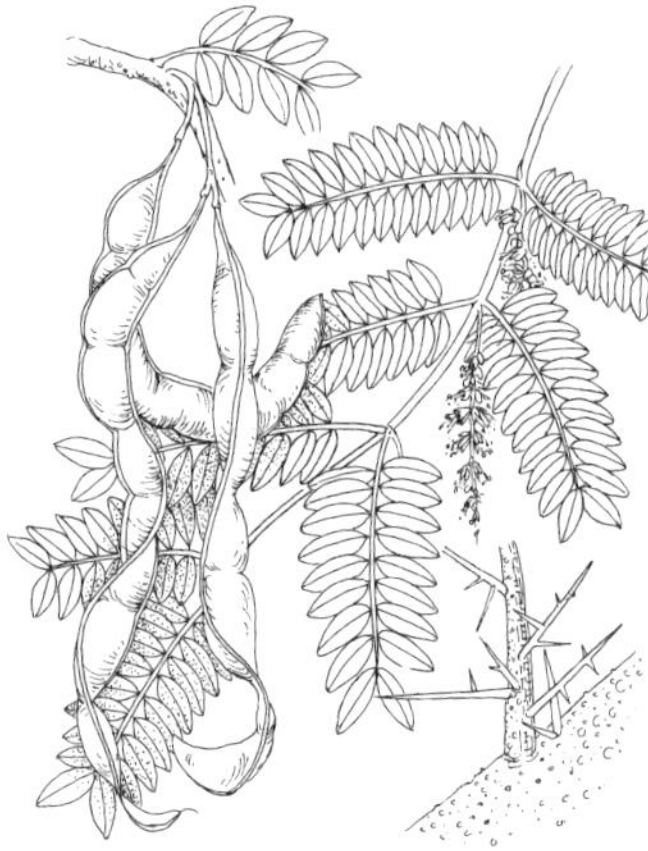

扱わず、「皁」の脇に小さめに示して済ませていることがよくあるのです。

サイカチを漢字で書き表す場合、漢和辞典的には「皁莢」がお薦めなのですが、現実には、異体字を用いた「皂莢」がよく書かれてきました。そこで、国語辞典では「皂莢」を示していることが多いようです。

さらにややこしいのは、「白」の下が「七」ではなく、カタカナの「ヒ」のようになった「皀」という漢字も存在している、ということ。こちらは、音読みでは「きょう」とか「ひょく」などと読み、炊いた穀物の香りがよいことだとか、穀物の粒だとかいった意味があります。

そうして、困ったことに、一昔か二昔くらい前までのパソコンでは、サイカチを書き表すのに使われる「皁」も「皂」も、扱うことができなかったのです。使えたのは、穀物うんぬんの「皀」だけ。そこで、電子辞書だとか、インターネットの上では、今でもサイカチのことを、「ヒ」の「皀」を用いて「皀莢」と書き表していることがあります。

現実に使われている漢字を、辞書はどこまで受け容れ、どこから先に異論を申し立てるべきなのでしょうか。たとえばサイカチの場合、漢和辞典でも、国語辞典のように「皂莢」を正式な書き表し方とすべきなのでしょうか、それとも、漢字としては正統性が高い「皁莢」にこだわり続けるべきなのでしょうか。あるいは、ネット上でよく見られるのならば、「皀莢」だって許容してもよい、という立場も、ありえるのかもしれません。

日常的に使う漢字ならば、字の形の細かい部分にまで、厳密な検討を加える必要もあるでしょう。でも、サイカチのようなめったに用いない漢字の場合、細かい形にどこまで筋を通し、どこから現実を重視すればよいのか。むずかしい問題です。

ケンポナシは仙人の甘味

【玄圃梨】

辞書の編集担当者になると、職務上、その辞書を最初から最後まで、何回か通読することになります。ただ、その内容が全部、頭に入るわけではありません。悲しいことにほとんどは忘れてしまうわけですが、中には、妙に記憶に残るものもあります。

私にとって、ケンポナシはそんな例の一つ。「椇」という漢字がケンポナシという樹木を表す、と漢和辞典に出ていたのですが、ことばの響きがおもしろくて、なんとなく、意識の底に残ったのでした。だいぶ経ってから、テレビ番組『探偵！ナイトスクープ』を観ていて、枝の膨らんだ部分が食べられることを知り、びっくらこいたものでした。

『広辞苑』で「けんぽなし」の項目を見ると、ちゃんと「秋、花穂の枝は赤みを帯びて肉質になり、甘味があり食用」と書いてあります。ただ、漢字での書き表し方は、「玄圃梨」が挙げてあるだけです。

「玄圃」とは、文字通りには、黒い田畑といった意味。しかし、この場合の「玄」は、発音が似通っているところから「懸」と関係が深く、宙ぶらりん、つまり高い所に浮いていることを表す、といわれています。中国の伝説によれば、西の方に空高くそびえる崑崙《こんろん》山の上には「玄圃」という仙人が住む場所があって、そこには宝石がゴロゴロしているのだとか。

驚いたことに、『広辞苑』にも「げんぽ」という項目がきちんとあって、「崑崙《こんろん》山上にあるという仙人の居所」と書いてあります。ということは、「玄圃」の伝説は、日本でもそれなりに知られたものなのでしょう。

『探偵！ナイトスクープ』では、ケンポナシのことを「てんぽぽなし」ともいっていました。また、『広辞苑』にもあるように、「てんぼなし」という別名もあります。だとすれば、「けんぽなし」を「玄圃梨」と書くのは、当て字なのでしょう。とはいえ、この当て字を考えた人の頭の中に、仙人が住む山のイメージがあったと想像するのは、たのしいことです。

以上のようなことを知ったあと、ある場所で、ケンポナシの「花穂の枝」にめぐりあうことができました。人目をちょっと気にしながら軽くかじってみたところ、口の中にはほのかな甘味が……。

仙界の味とは、あんな味をいうのでしょうね。

サフランはサフランもどき？

【洎夫藍・saffraan】

さて、「涼風の秋」の章の最後に取り上げるのは、サフランです。明治の文豪、森鷗外に、「サフラン」というエッセイがあります。若いころ、オランダ語を勉強していた鷗外は、蘭和辞典でこの植物の名前に出会いました。そして、どんな花かと思って、蘭医だった父にその干した花を見せてもらうのですが、その部分に、「サフラン」の漢字について、こんなことが書いてあります。

「サフランと三字に書いてある初《はじめ》の一字は、所詮《しょせん》活字にはあり合《あわ》せまい。依《よ》って偏旁《へんぼう》を分けて説明する。「水」の偏に「自」の字である。」

さて、鷗外先生が亡くなってから、およそ一〇〇年。それから時代は大きく変わり、活字はおろか、コンピュータでも「サフラン」を漢字で表示できるようになりました。『広辞苑』でもきちんと、由来はオランダ語の「saffraan」で、漢字では「洎夫藍」と書く旨が、示してあります。漢字にうるさかった鷗外先生も、きっと満足なさることでしょう。

『広辞苑』によれば、サフランは「アヤメ科の多年草。南ヨーロッパの原産」で、「一〇月頃、淡紫色六弁の花を開く」。イラスト入りなので、花や球根の形もよくわかります。「泊夫藍」と書き表すのは、もちろん当て字。それにしても、「泊」は、たしかにめったに使うことがない漢字です。私自身は、ある本を編集していたときに目にした、中国の古い人名でしか、実際に使われている例に出会ったことがありません。そのときにルビを振るために調べたところでは、この漢字の音読みは「き」でした。

となると、「泊夫藍」は「きふらん」としか読めないのではないでしょうか？　博覧強記をもって聞こえた鷗外先生が、それについて一言も触れていないのは、ちょっと納得がいかないなあ……。

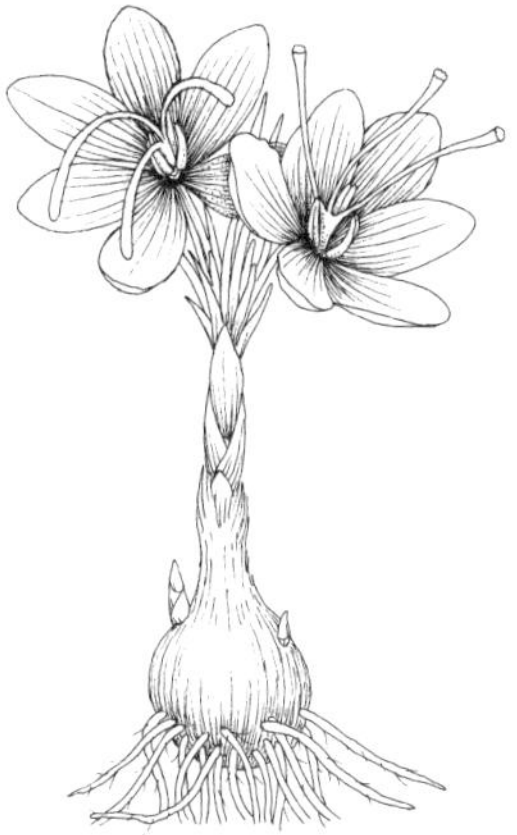

インターネットで検索すると、中国でも、サフランを「泊夫藍」と書き表すことがあるようです。「泊夫藍」を現代中国語で発音すると、「ヂフラン」のような感じ。少しだけ「サフラン」に近づきましたが、それでも、当て字として用いるにはちょっと厳しそうですよね。

そんなふうに悩んでいたら、『広辞苑』に気になる記述を発見しました。サフランと似ているけれど別の植物、「サフランもどき」の解説文に、「日本では古くこれをサフランと誤称」と書いてあるのです。そして、「園芸上は属名のゼフィランサスで呼ばれる」と続いています。「ゼフィランサス」であれば、「ヂフラン」にかなり近くないでしょうか。

「泊夫藍」は、もともとは「サフランもどき」つまり「ゼフィランサス」に由来する当て字だった、というのも、ありえないことではないように思われます。

V 紅葉、そして冬

カエデではないと言うけれど……【楓】

秋の後半は、紅葉の季節。紅葉が美しい場所は世界中にいくらでもあるでしょうが、「紅葉狩り」などと称して、それを見に行くことを年中行事の一つにしてしまっているのは、日本人ぐらいではないでしょうか。

さて、美しく紅葉する植物といえば、なんといってもカエデ。漢字では、もちろん「楓」と書きます。

「楓」は、中国の漢詩にもよく出てきます。若いころ、出版社で国語教科書の編集をしていたときのこと。古い教科書を調べていて、ある漢詩に使われている「楓」にわざわざ注を付けて、「からかえで」と書いてあるのを見つけたことがありました。

中国のカエデのことだろう、と見当はつくものの、一応、どんな植物か調べてみて、焦りました。そんな名前の植物は、『広辞苑』をはじめとする国語辞典はおろか、植物事典の類にも出てこなかったのです。調べ回った結果、わかったのは、中国語での「楓」は、カエデとは別の植物を指すということでした。

その名は、フウ。何のことはない、「楓」の音読みです。『広辞苑』によれば、カエデは、「ムクロジ科のうち、以前カエデ科に含まれた落葉高木の総称」。一方、フウは、「フウ科(旧マンサク科)の落葉高木」。「秋、紅葉する」ともあります。ていねいなことに、その説明文の最初には、「カエデとは別種」と断り書きがしてあります。

『広辞苑』の「ふう」の項目はイラスト入りで、それで見ると、フウの葉は、たしかにカエデの葉と似た形をしています。しかし、イラストの中央に伸びている実は、チアガールが振り回すポンポンのようなボール型。竹とんぼを小さくしたようなカエデの実とは異なります。まったく別の植物だということが、よくわかります。

とはいえ、似た形の葉っぱが同じように美しい赤に染まるのですから、日本人が「楓」をカエデだと勘違いしたとしても、驚くにはあたりません。

実際、漢詩に出て来るフウも、紅葉が美しい秋の風物詩としてうたわれています。カエデに置き換えて鑑賞しても、まったくの的外れにはならないでしょう。

ところで、では中国語ではどんな漢字でカエデを表すかというと、それは、「槭《せき》」だとされています。しかし、この漢字の樹木は漢詩文ではほとんどうたわれませんし、実際、中国でも、「楓」と「槭」は混乱して使われているようです。

『広辞苑』の「かえで」の項目では、漢字での書き表し方として、「楓」とともに「槭樹」も挙げています。とはいえ、少なくとも現代の日本語では、こんなむずかしい漢字でカエデを書き表さなくてはならない必然性は、さほどないと思われます。

なお、教科書で「からかえで」と注が付けてあったということは、かつては、フウのことを「からかえで」と呼ぶことがあったのかもしれません。漢字で書けば「唐楓」でしょうが、こう書いて「とうかえで」と読む別の植物があるから、困ったもの。『広辞苑』によれば、トウカエデは「ムクロジ科」で、やはり「紅葉が美しい」樹木だということです。

ハゼノキの理屈と現実

【黄櫨・櫨・梔】

紅葉が美しい植物として、もう一つ、ハゼノキを取り上げておきましょう。

ハゼノキとは、「ウルシ科の落葉高木」で、「暖地の山地に自生、秋に美しく紅葉する」というのが、『広辞苑』の説明。「実から木蠟を採り、樹皮は染料となる」とも書いてあります。私はハゼノキをきちんと認識したことはありませんが、イラスト(次ページ)に描かれた小ぶりでお行儀よく並んだ葉っぱが赤く色づいているのなら、あちこちで見た記憶があります。

見出しのすぐ下には、漢字での書き表し方として「黄櫨」「櫨」「梔」の三つが掲げられています。これは、いわゆるツッコミどころ満載というやつですね。

まず、「櫨」を「はぜ」と読むならば、「黄櫨」は「きはぜ」となりそうなもの。それなのに、やっぱり「はぜ」とだけ読む。これじゃあ、「黄」はまったくの無駄働きじゃありませんか!

調べてみると、単独の漢字としての「櫨」には、さまざまな意味があり、中国でハゼノキを表す場合には、「黄櫨」の形を取るのが一般的なようです。しかし、日本語では、「櫨」単体でハゼノキを指して、よく使われます。ハゼノキからは黄色の染料が採れますから、「黄櫨」の「黄」はそのことを強調するために付け加えられたものだと解釈して、「櫨」だけでもハゼノキを表せる、と考えたものかと思われます。それは、厳密にいえば日本語独自の用法でしょう。

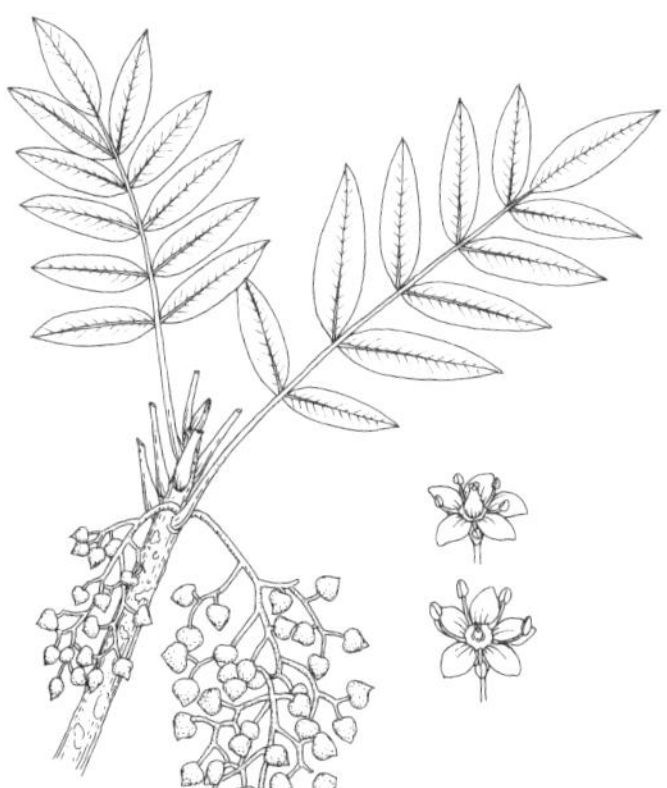

日本語独自の用法といえば、最後の「梔」もそう。これは、『日本書紀』の中でハゼノキを指して使われていることに由来していますが、「梔」は、クチナシを指す漢字。クチナシは、実から黄色の染料を採る植物として有名ですから、そこからハゼノキと混同したものと考えられます。

つまり、中国語と日本語の対応関係という理屈だけからいえば、「黄櫨」が正しいのですが、現実には「櫨」や「梔」も無視することができない、というわけです。

これに加えて、では、たとえば「櫨」と書いて、その一文字で「はぜのき」と読んでいいのか？　という問題があります。ごくごくふつうの感覚では、「櫨の木」としたくなるところですよね。

たしかに、たとえば「もちのき」は、ふつう、「黐の木」と書き表し、『広辞苑』でもそう示しています。でも、これは、「もちのき」とは、「鳥黐《とりもち》の原材料となる木」という意味だからでしょう。

一方、「楠」の一文字で「くすのき」と読んだり、「桧」の一文字で「ひのき」と読んだりするのは、よく見かけます。どうやら、「クスという名前の木」「ヒという名前の木」という意味合いの「〇〇のき」の場合には、「のき」まで含めて一語になっていると考えて、「〇の木」と書き表さなくてもよい、という傾向があるようなのです。

その伝でいけば、ハゼノキは「ハゼという名前の木」だから「櫨」一文字でよい、ということになります。でも、実際には「櫨の木」と書き表す方が一般的です。

ここでも、理屈と現実とが、なかなかうまく折り合いを付けてくれないようです。

三つの名前を持つイチョウ

【鴨脚樹・銀杏・公孫樹】

「紅葉」とは、葉が赤く色づくこと。それに対して、葉が黄色く色づくのは「黄葉」。黄葉が美しい樹木といえば、イチョウでしょう。

そこで、『広辞苑』の「いちょう」という項目を見てみましょう。すると、そこには、漢字での書き表し方として、「鴨脚樹」「銀杏」「公孫樹」の三つが載っています。どれも、イチョウの中国名に由来するものです。

このうち、「鴨脚樹」というのは、あの葉っぱの形を、「鴨の脚」にたとえたものでしょう。ユーモラスというか、リアルというか、中国人のセンスが光ります。

「銀杏」については、一六世紀の中国で書かれた『本草綱目《ほんぞうこうもく》』という植物事典に、「実が杏子《あんず》を小さくしたようで、中が白いからだ」という説明があります。白いことを「銀」と表現しているのが、まぶしいですね。

ちなみに、「ぎんなん」は、「銀杏」の音読み「ぎんあん」が変化したもの。『広辞苑』

では「イチョウの種子」と説明しています。

最後の「公孫樹」については、『広辞苑』に「こうそんじゅ」という別の項目があって、「イチョウの漢名」だとの説明。「老木でないと実らず、孫の代に実る樹の意」と注意書きが添えられています。孫が食べられるようにと願いながら、イチョウを植えたのでしょうか。大家族制の中国伝統社会らしい命名です。

それはともかく、漢字的に見逃せないのは、「イチョウ」の語源。『広辞苑』には、「「鴨脚」の近世中国音ヤーチャオより転訛したもの」とあります。「鴨脚」をふつうに音読みすれば「オウキャク」ですが、一一～一二世紀ごろ以降の中国語ではこれを「ヤーチャオ」と発音し、それが変化したのが「イチョウ」という日本語だ、というわけです。

ただ、これは定説とはいえないようで、『広辞苑』でも、続けて「一説に、「銀杏」の唐音の転」と書いてあります。「唐音」とは、一〇世紀ごろ以降に日本に伝えられた中国語の発音が変化した音読みで、こちらの説でも、「イチョウ」は語源的には中国語だ、ということになります。

イチョウの日本への伝来は一四～一五世紀ごろだといいますから、「イチョウ」の語源がそのころの中国語だったとしても、おかしくはありませんね。

ひょんなことからサザンカに……

【山茶花】

さて、美しい紅葉は秋を代表する風物ですが、それと同時に、秋の終わりを告げる風物でもあります。カエデやイチョウが鮮やかに色づく陰では、そろそろサザンカが咲き始めて、季節はいよいよ冬へと入るのです。

『広辞苑』によれば、サザンカは、「ツバキ科の常緑小高木」。「秋冬、白花を開く」ともあって、その花がイラストで示されています。

「さざんか」については、漢字では「山茶花」と書くのに、どうして「さんさか」ではなく「さざんか」なのかが、よく話題になります。

その答えは、「エレベーター」をついつい「エベレーター」と言ってしまうことがあるのと同じように、「さんさか(さんざか)」を「さざんか」と言い間違えたのが定着した、というもの。『広辞苑』にも、「字音サンサクヮの転」と書いてあります。言語学では、こういう現象を「音位転換」と呼ぶそうです。

なるほど！　と膝を打つ説明ですが、ひねくれ者の私などは、「さんさか（さんざか）」って、そんなに言い間違えやすいことばかなあ、とも思ってしまいます。そもそも、それが「さざんか」に変化するなら、同じく植物の「さんざし（山査子）」だって「さざんし」になってもいいんじゃない？

疑い出せばきりがないのが、ことばの世界。この問題についても、絶対的な正解など、存在しないのでしょう。

ところで、『広辞苑』の「さざんか」の項目には、最後に「漢名、茶梅」と書いてあります。その通り、中国語でのサザンカは「茶梅」と書き表されます。では「山茶花」は何を表すかというと、ツバキの花。中国語での「山茶」は、ツバキのことなのです。ツバキには「椿」っていう漢字があるじゃないか、と思われるかもしれませんが、あれは、日本語独自の用法です（一八六ページ）。

中国の詩文で、「山茶」がよくうたわれるようになるのは、一一世紀、北宋《ほくそう》王朝の時代のこと。

たとえば、当時を代表する文人、蘇軾《そしょく》は、あるお寺で独り「山茶」を見つめ、「爛紅《らんこう》、火の如く雪中に開く」とうたっています。

しかし、このような「山茶」ということばが伝わってきたとき、日本ではすでに、ツバキを表す漢字としては「椿」が定着していました。そのため、「山茶」はサザンカへと意味をずらせて受け入れられたものと思われます。

そこには、漢詩での「山茶」が、しばしば雪の中で咲く花として描かれていることが関係しているのではないでしょうか。ツバキ科の中でもいち早く、冬に入ったころから花を咲かせているサザンカは、雪に咲く花のイメージによく合いますものね。

袋にならないツワブキ

【槖吾・石蕗】

季節に合わせて植物を取り上げていくとなると、冬はどうしても手薄になります。それを解消すべく冬に花を咲かせる植物を探していたところ、うまい具合にツワブキが見つかりました。

でも、私はこの花を見たことがありません。そこで、咲いている場所をインターネットで検索。一二月のある朝、東京は新宿御苑まで出かけてみたのでした。

事前に『広辞苑』で仕入れた情報は、「キク科の常緑多年草。フキに似るが別属」で、「葉は長柄があり、厚くて光沢がある」。花については、「黄色の頭花を総状につける」とのこと。ありがたいことに、イラスト(次ページ)も載っています。

新宿御苑に着くと、広大な敷地のある一角に、たしかにイラスト通りの花が群がって咲いていました。めでたく実物が確認できたのですが、その後、自宅近辺のいくつかのお宅の玄関先に、この花が咲いているのをみつけたのです。ふだん、いかに注意力散漫で生活しているか、実感されたことでした。

さて、「つわぶき」の漢字での書き表し方として、『広辞苑』では、「槖吾」と「石蕗」の二つを挙げています。このうち、「石蕗」については、「蕗」は「ふき」と訓読みする漢字。「フキに似るが別属」とも書いてありましたし、なんとなく理解できます。

問題は、「槖吾」の方。「槖」は、「たく」と音読みしますが、どういう漢字なのでしょうか。

この漢字、漢和辞典的に厳密に書くならば、「橐」としたいところ。虫メガネで見ないとわからないような微妙な違いですが、頭の部分が「士」ではありません。「土嚢《どのう》」の「嚢」の頭の部分と同じで、「亠」と「中」を続けて書いたような形をしています。「嚢」は「袋」という意味の漢字ですが、「槖」も実は、同じく「袋」を表します。

「槖駝《たくだ》」とは、背中に袋のある動物、つまりコブのあるラクダのこと。「駱駝《らくだ》」はあとから生まれたことばで、「たくだ」が変化して「らくだ」になった結果、「駱」という漢字が当てられたものだ、と考えられています。

これで「槖」の意味はわかりましたが、では、「槖吾」がなぜツワブキを指すのかというと、まったくわかりません。そもそも、「槖吾」は、ツワブキとよく似た別の植物、フキタンポポを指すのだ、などともいわれますが、そうだとしても事情は同じ。花や葉っぱが袋状になってくれるというわけでもないのです。

そうやって悩んでいたところ、ある人から、ツワブキはいくつかの花が球状にふさを成すから、その全体を袋にたとえたのではないか、というご指摘をいただきました。なるほど！　と思いはしたのですが、それでは「吾」の方はどう考えればいいのか……。

いくら考えても答えの出ないことがある。それもまた、植物名を表す漢字のおもしろいところではないかと思います。

コノテガシワを間違えるかな?

【児手柏】

「歳寒《とし》くして、然《しか》る後《のち》に松柏の凋《しぼ》むに後《おく》るることを知る」

寒くなって多くの木々の葉が落ちてしまった後でこそ、「松柏」はなかなか葉を散らさないことがわかる。人間性は逆境でこそ試されるということを、冬でも枯れない常緑樹にたとえた、『論語』の名言です。

ここに出て来る「松」とは、もちろんマツのこと。しかし、「柏」をカシワだと解釈することはできません。なぜなら、カシワは、『広辞苑』もいうように、「ブナ科の落葉高木」で、常緑樹ではないからです。

漢和辞典では、「柏」はコノテガシワのことである、とするのが一般的。再び『広辞苑』の説明を引けば、コノテガシワは、「ヒノキ科の常緑低木または小高木」。カシワを指して「柏」を使うのは、例によって日本語独自の用法なのです。

でも、日本人はどうして「柏」をカシワだと考えたのでしょうか。中国の古典では、

「柏」は常緑樹の代表として言及されるのがふつう。落葉樹のカシワとは間違えようがありません。

カシワとコノテガシワの共通点として考えられるのは、両方とも葉っぱが平べったく広がっていること。カシワの葉っぱは柏餅を包むあの葉っぱですし、コノテガシワの葉は、『広辞苑』によれば「葉はヒノキに似て鱗片状で表裏の別がなく扁平で、子供の掌《てのひら》のように見える」。漢字で「児手柏」と書くのも、なるほどと思わせます。

とはいえ、それだけで常緑樹と落葉樹を間違えるかなあ、というのが、長い間の私の悩みでありました。ところが、最近になって、『万葉集』にはこの二つの植物がともにうたわれていることを知りました。そして、「かしわ」には「柏」の字が当てられているのはもちろんのこと、「このてがしわ」にも「児手柏」の字が当てられているのです。

とすれば、万葉びとたちは、「柏」がコノテガシワを指すことをちゃんと知っていたのではないでしょうか。ただ、さすがに「柏」一文字で「このてがしわ」と読ませることにためらいを覚えて、「児手柏」と書き表した。その結果、「柏」一文字では「かしわ」と読むようになってしまった……。

そんなふうに考えてみたのですが、いかが思われますか？

ユズは樹木の名前ではない?

【柚・柚子】

冬至の日に、ユズの実を入れたお風呂に入る。今どき、そんな家はあんまりないかもしれませんが、銭湯では「ゆずゆ」がよく催されています。ユズが冬の風物詩であることには、変わりがないといえるでしょう。

『広辞苑』で「ゆず」の項目を見ると、「ミカン科の常緑低木」とあり、漢字での書き表し方としては、「柚」と「柚子」が掲げられています。「柚」で「ゆず」と読むならば、「柚子」は「ゆずこ」とでもなりそうですが、さにあらず。「子」という漢字があってもなくても読み方が変わらないというのは、表音文字文化圏の方にはとんと納得できない現象でありましょう。

「柚」は、もともとは樹木としてのユズを指します。「柚子」は、その果実のこと。「子」という漢字には、「種子」という熟語があるように、種や果実を指す用法があるのです。その点、「春の訪れ」の章で取り上げた「杏子」と一緒です(二〇ページ)。

「柚」という漢字は、音読みで読めば「ゆ」または「ゆう」。日本語としても、平安時代には「ゆ」または「ゆう」のままで、この樹木を指していました。その後、おそらく鎌倉時代や室町時代になって、「ユの果実」を指す「柚子」という中国語が、日本でも意識されるようになります。それを、当時の中国語に近い発音で読んだのが「ゆず」でした。

やがて、この「ゆず」が日本語に定着すると、一般の日本人は「ゆず」に「果実」という意味が含まれているなどとは考えませんから、「ゆず」は、「ユの果実」だけでなく、樹木としての「ユ」全体をも指すようになります。その結果、「柚子」だけでなく、「柚」と書いた場合にも「ゆず」と読むことになったのでした。

ちょっとおもしろいのは、『広辞苑』での漢字の示し方。最初に挙げた「ゆずゆ」をはじめ、「ゆずみそ」「ゆずこしょう」「ゆずもち」などでは、「柚湯」「柚味噌」「柚胡椒」「柚餅」といった具合に、「柚」の方しか挙げていません。「ゆず」のところで二つの書き方を示しておいたから、あとは察してくださいな、という心でしょう。このあたりは、辞書業界の不文律ですね。

ちなみに、「ゆず○○」の書き表し方については、ほかの国語辞典でも、同じように「柚」優先の扱いが見られます。ただ、検索してみたところ、少なくともインターネットの上では、「柚○○」よりも「柚子○○」の方が多く使われているようです。

ロウバイの二つの書き方

【蠟梅・臘梅】

「旧臘《きゅうろう》」ということばをご存じでしょうか。年が明けてから、前の年の一二月を振り返って指す場合に使います。今でも、手紙などでちょっと古風な用語として使われることがありますが、さすがに私は、自分で用いたことはありません。

「臘」がどうして一二月を指すかといえば、一二月には「臘月《ろうげつ》」という別名があるから。これは、昔の中国で行われた「臘《ろう》」という行事に由来する呼び名です。『広辞苑』には、この行事の項目もちゃんとあって、「冬至の後、第三の戌《いぬ》の日に行う祭。猟の獲物を先祖百神に供える」と説明しています。さすがですね。

「臘」は、「猟」の旧字体「獵」と似た形をしていて、部首「犭(けものへん)」を「月」に変えたというだけの違い。部首「月(にくづき)」は肉を表しますから、「臘」は、もともとは「先祖百神」へのお供えにする猟の獲物の肉を指したのでしょう。

ところで、この「臘」の時期に梅に似た花を咲かせるのが、ロウバイ。『広辞苑』では、

「ロウバイ科の落葉低木」で、「冬、葉に先だって香気のある花を開く」と説明しています。漢字では、もちろん「臘梅」と書きます。

しかし、『広辞苑』では、漢字での書き表し方として、「臘梅」のほかに「蠟梅」も掲げています。「蠟」とは、「蠟燭《ろうそく》」のように使われる漢字で、熱すると溶けて燃える、あの「ろう」を表します。部首「虫(むしへん)」が付いているのは、もともとは、ミツバチの巣から採れる「蜜蠟」を指していたからです。

「臘梅」という漢字とその由来を知っている者の目には、「蠟梅」はいかにも間違い臭く映ります。でも、『広辞苑』の説明文にもある通り、ロウバイの花には、「外側の花弁は黄色、内側のは暗紫色で、蠟細工のような光沢があ」るという特徴があります。そこで、現物のロウバイを知っている人からすれば、逆に「臘梅」の方が誤植のように見えてしまうのです。

つまり、「月」の「臘梅」にも「虫」の「蠟梅」にもそれぞれ理由があるという次第。どちらを使うかは、好みによって決めてよいでしょう。

ちなみに、臘月は、厳密には旧暦の一二月のこと。そのため、ロウバイが実際に咲くのは、現在ではたいてい、一月か二月になってからです。

ソヨゴが代表になれたわけ

【冬青】

植物名を表す漢字の由来には、話の種としておもしろいものが、たくさんあります。

本書で取り上げたものでいえば、エノコログサは、穂が犬の尾に似ている草だから「狗尾草」と書くとか、サルスベリは百日間、赤い花を咲かせ続けるから「百日紅」と書くなど。いっぺん聞いたらすぐにだれかに話したくなるほど、鮮やかな印象を残します。

しかし、よく考えてみると、こういう話は、論理としては詰めがあまい。穂が犬の尾に似ている草はほかにもあるだろうに、なぜエノコログサだけがそう書かれるのか？　百日間、赤い花を咲かせ続ける木はほかにもあるだろうに、なぜサルスベリだけがそう書かれるのか？　そういう疑問には答えようがないわけで、できのわるいミステリで名探偵もどきが得意げに披露する推理のようなところがあります。

とはいえ、そもそも、こういう問題に厳密な論理を求める方が無理というものでしょう。私たちは、幼いころから正解を求めるように仕込まれてきましたから、すぐに「正しいの

か、間違っているのか」という基準でものごとを考えがちです。しかし、ここではそういう態度はいったんおいて、名探偵もどきだとの批判は甘んじて受けつつ、時には自由な空想の翼を広げてもいいのではないでしょうか。

そういう意味での私のお気に入りは、ソヨゴです。

『広辞苑』で見てみると、「そよご」の漢字での書き表し方は「冬青」。「モチノキ科の常緑低木」とありますから、冬でも青いからこう書くことは、容易に想像できます。まるで常緑樹の代表選手のような、立派な名前ではありませんか。

そこに難癖をつけるのは心苦しいのですが、常緑樹なんていくらでもあります。その中で、どうしてソヨゴが代表なのでしょうか？　最近では庭木として植えられているのをよく見ますが、正直、それほどメジャーな樹木ではないですよね？

『広辞苑』には「葉は厚く、光沢がある」とありますが、それはモチノキ科に共通する特徴。イラストを見ると、小さな花や実が、なかなかかわいらしいのも確か。ほかにも、「材は器具に用い、葉を褐色の染料とする。樹皮から鳥黐《とりもち》を採る」と、いろいろといいところがあるようですが、マツやスギ、カシといったそうそうたる面々を差し置いて代表に選ばれるほどの実力の持ち主だとは、思えません。

ソヨゴの何がいいんだろう？　とあれこれ悩んでいるうちに、こんなことを考えました。漢字の神様は、「松」「杉」「樫」などなど、メジャーな植物たちには、漢字一文字で書き表すことができる、堂々たる名前を与えました。決してメジャーではないソヨゴは、残念ながらその選にはもれてしまったのです。

そこで、ソヨゴは言いました。「神様、二文字でいいですから、何か立派な名前をくださいよ」。その結果、「冬青」という堂々たる二文字名をゲットできた。残りものには福があるって、本当なんですね！

Ⅵ　新年と春の芽生え

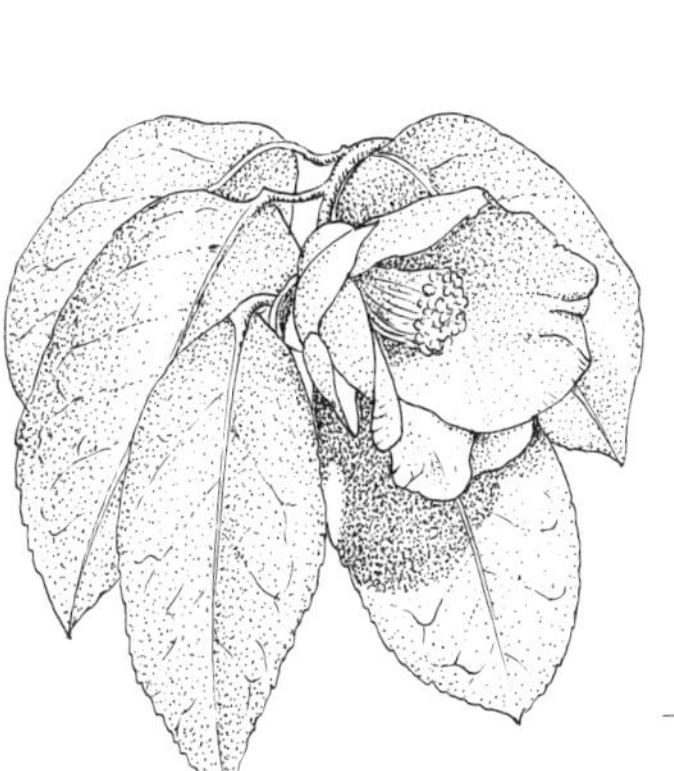

ダイダイは音読み？　訓読み？

【橙】

私の父は、洋風の生活習慣を好む人で、住まいには仏壇はおろか、畳の一枚もなし。お正月でもパンとコーヒーで朝食を済ませていました。そこで、私も子どものころにはお正月の伝統風俗にあまり縁がありませんでした。お雑煮とおせちは母が作ってくれましたが、初詣にも行かないし、正月飾りも一切なし。ご近所のおうちはどうしてみんな、玄関にミカンをくっつけてるんだろう、などと無邪気に思っていたものです。

私が初詣なるものに初めて行ったのは、大学生になって親元を離れてから。正月飾りの注連縄《しめなわ》に使われているミカンみたいなものがダイダイだと知ったのは、社会人になってからのことでした。

「だいだい」を漢字で書くと、「橙」となります。『広辞苑』の「だいだい」の項目には、「ミカン科の常緑低木」で、「果実は冬に黄熟するが、翌年の夏に再び緑色にもどるので回青橙の名がある」とあります。正月飾りで使われるのは、この特徴を「代が変わっても栄える」ととらえて、子孫代々の繁栄を祈ったもの。「だいだい」という名前も「代々」に由来するというのが、よく語られる説明です。

ところが、『広辞苑』はこの通説には納得していないようで、「ダイは「橙」の中国音の転訛」と注意書きをしています。漢字の中国語としての発音が変化して生まれたのが音読みですから、この説に従えば、「だい」は「橙」の音読みの一種だ、ということになります。「橙」の一般的な音読みは「とう」ですが、比較的新しい時代の中国語から変化した音読みに、「だい」があったと考えているのでしょう。

一方、通説に従うとしても、「代」を「だい」と読むのも音読み。とすれば、どちらの説に従うかにはかかわらず、「だいだい」が漢字の音読みから生まれたことばであることは、間違いのないところです。

しかし、漢和辞典では、「橙」の「だいだい」という読み方は、訓読みに分類されます。訓読みとは、その漢字の意味を日本語で説明したもの。つまり、音読みから生まれた「だいだい」も、今では完全に日本語化している、と判断しているのです。

このように、音読みと訓読みの境界線には、実はあいまいな部分があります。特に植物名を表す漢字では、音読みから生まれた訓読みが目立ちます。

ユズリハの葉っぱにご注目！

【譲葉・交譲木・楪・楪】

私が大人になってから得た知識では、正月飾りによく使われる植物としては、ユズリハもあります。シダの一種のウラジロとともに、葉っぱを鏡餅の下に敷いたり、注連縄の飾り付けに使ったりするそうです。

『広辞苑』によれば、ユズリハは「ユズリハ科の常緑高木」で、「葉は長楕円形で厚く」、「新年の飾物に用いる」。また、その名前について、「新しい葉が生長してから古い葉が譲って落ちるので、この名がある」と説明しています。

そこで、漢字で書くと「譲葉」となるのですが、『広辞苑』の見出しのところには、さらに「交譲木」と「楪」という、二つの書き表し方が挙がっています。

このうち、「交譲木」は、もともとは中国の伝説的な木の名前。なんでも、二本がペアになって生えて、年ごとに片方が枯れては片方が蘇るのだとか。「交譲《こうじょう》」は、『広辞苑』にも載っていて「互いに譲りあうこと」ですから、その意味を生かして、日本で「ゆずりは」に当てたものでしょう。

一方、「楪」は、「ちゃ」と音読みして、お皿を表す漢字。これまた『広辞苑』によれば、「楪子《ちゃつ》」とは、「菓子などを盛る漆器。多くは朱塗りで円形の浅い皿で、底に高台のあるもの」をいいます。しかし、植物とは何の関係もないので、「ゆずりは」と読んで使うのは日本語独自の用法だと、漢和辞典では説明しています。

では、お皿を表す漢字がどうしてユズリハを指すことになったのでしょうか？

漢和辞典の中には、「楪」とよく似た「𣜿」という漢字を載せているものもあります。これは、日本で独自に生み出された漢字、いわゆる「国字」の一つで、ユズリハを表します。葉の生え換わり方に特徴がある樹木の名前を表すために、「木(きへん)」に「葉」を組み合わせて文字を作ったというのは、いかにもありそうなことです。

とすれば、ユズリハを指す漢字としては「𣜿」の方が先で、それが省略されて「楪」が生まれた、と考えるのが、自然なように思われます。実際、室町時代から江戸時代にかけて作られた辞書では、どちらの漢字も見られるものの、「葉」を用いた「𣜿」の方が優勢であるようです。

『広辞苑』のみならず、国語辞典には「𣜿」はあまり載っていないようです。復権を願う次第です。

クワイはやさしいお姑さん

【慈姑】

私は生来の味オンチで、食事にこだわりがないものですから、食材についても実はあまり興味がありません。きちんと味わったこともないのに、漢和辞典の仕事の関係からだけ知っている食材が、たくさんあります。

その一つが、クワイ。『広辞苑』には、「オモダカ科の水生多年草。オモダカの一品種とされるが、さらに大型」とあります。イラストでは右下に見える、ボールから長い角が生えたようなものが地下茎と芽で、これを煮物にして、おせち料理にすることがあります。なんでも、大きな芽が出ているのが「めでたい」という、縁起物だそうです。

このクワイがどうして漢和辞典の仕事と関係があるかというと、いわゆる「難読漢字」だから。『広辞苑』にもあるように、漢字で書くと「慈姑」。これは、本来は中国でのクワイの呼び名で、日本語では、それをそのまま「くわい」と読み慣わしています。

「慈」は、「いつくしむ」と訓読みする漢字で、愛情深いこと。「姑」は、「しゅうとめ」

と訓読みする漢字。実際、漢詩文では、「慈姑」は愛情深いお姑さんを指すこともあります。その場合は、日本語では「じこ」と音読みすることになります。

それがクワイの名前となっている理由について、一六世紀に中国で書かれた植物事典、『本草綱目《ほんぞうこうもく》』には次のような説明があります。いわく、「一つの根から年に一二もの芋が育つ。まるで「慈姑」がたくさんの子どもに乳を与えるようだから、この名がついた」。

なるほど！　という説明ですが、だったら「慈母」でいいじゃないか、と思ってしまうのが、ひねくれ者の私の性。母を指して「姑」を使うことがないとはいえませんが、「姑」の代表的な意味は、やっぱり「しゅうとめ」。お姑さんが子どもにお乳をあげるというのは、さすがに無理があります。

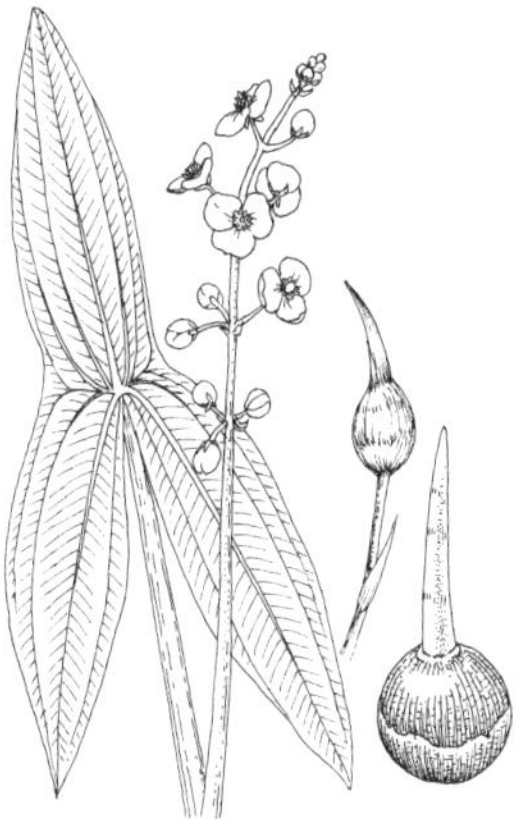

中国の辞典によれば、この植物には「茨菰」という別名もある、とのこと。「茨」はイバラで、「菰」はマコモ。どちらも植物の名前ですから、合わせてまた別の植物を指して使われても、おかしくはありません。

なおかつ、「茨菰」を音読みすると「じこ」と読めるのが、大いに興味をそそられるところ。

『本草綱目』では「茨菰」は誤りで「慈姑」が正しいとするのですが、逆に、「慈姑」は「茨菰」に対する当て字として生まれた書き表し方なのではないでしょうか。

八~九世紀の中国の詩人、白楽天が、田舎暮らしのたのしみをうたった作品に、

樹は暗くして　小巣《しょうそう》　巧婦《こうふ》は蔵《かく》れ
渠《みぞ》は荒れて　新葉　慈姑《じこ》は長ず

という一節があります。小暗い木陰ではミソサザイが小さな巣を作り、荒れた水路ではクワイが新しい葉を伸ばしているといった情景。「巧婦」とはミソサザイという鳥の別名なのですが、文字通りには「働き者のお嫁さん」といったところ。「やさしいお姑さん」の「慈姑」と合わせて、一種のことばあそびとなっています。

「慈姑」がクワイを表すのは、そういうことばあそび的に生まれた当て字なのかもしれません。とはいえ、単なる当て字であっても、意味を持って解釈されうるところが、漢字のおもしろさでありましょう。

ナズナが生えるわびしい情景

【薺】

一月七日には七草がゆを食べるのが、由緒正しいお正月の過ごし方。私も中年になってから、スーパーで売っていた七草がゆのセットを買ってきて自作したことがありますが、信じられないくらい大量にできてしまって、夫婦二人では食べきれず辟易したものでした。

さて、七草がゆに入れる春の七草の中から、まずはナズナを取り上げてみましょう。『広辞苑』によれば、ナズナは、「アブラナ科の越年草。路傍や田畑にごく普通に自生」。説明文の末尾には、別名として、よく知られた「ペンペングサ」も挙がっています。

そこで「ぺんぺんぐさ」の項目を探すと、親項目として「ぺんぺん」があり、「三味線の音」だという説明。その子項目として「ぺんぺんぐさ」があって、「莢《やさ》の形が三味線の撥《ばち》に似ているからいう」と、ナズナの別名となった由来が書いてありました。

ちょっとびっくりしたのは、「ぺんぺんぐさ」のそのまた子項目として、「ぺんぺん草が生える」という項目もあったこと。説明文は、「家などの荒れ果てるさまをいう」。たしかに、空き家の敷地のあちこちにナズナが群がって生えているのは、なんともわびしい風情を感じさせるものです。

『広辞苑』の「なずな」の項目には、細部までよくわかる、一株のナズナを分解したイラストが載っています。これを見ると、三味線の撥に似ているという莢の形も一目瞭然。とても重宝なのですが、私のイメージとしては、たくさんの株があちこちに群がって生えている方がナズナらしいようにも感じます。

どうしてそこにこだわるのかといえば、「なずな」を漢字で書くと「薺」となるから。「艹（くさかんむり）」の下の「齊」は、「斉」の旧字体です。

「斉」は、「ひとしい」と訓読みできる漢字ですが、長さや重さが等しいことを表すわけではありません。「一斉清掃」とか「国歌斉唱」のように、ある場所であるものごとが大勢によって同時に行われることを表します。その意味合いは、ナズナが群がって生えているようすと通じるところがないでしょうか。

つまり、「薺」という漢字は、群がって生えるというナズナのイメージを踏まえて作られたものではないか、と思うのです。

それはそれとして、私の自作の七草がゆは、残念ながらけっしておいしいものではありませんでした。しかし、それは私の料理の腕の問題で、漢字を生んだ中国の人々は、ナズナをおいしく味わっていたようです。

漢詩文での「薺」は、「荼《と》」と対になってしばしば現れます。「荼」は、「にがな」と訓読みする漢字で、苦い味がする植物の代表。それに対して、「薺」は、甘い植物の代表。「荼」を小人物に、「薺」を君子にたとえることもあります。

きちんと調理すれば、ナズナはたいそうおいしいもののようですね。

スズシロはシルクロードを伝って……

【清白・蘿蔔】

七草がゆに入れる春の七草の中から、もう一つ、スズシロについて見てみましょう。これが実はダイコンの別名であることは、ご存じの方も多いでしょう。

『広辞苑』で「すずしろ」を調べると、漢字での書き表し方としては「蘿蔔」と「清白」の二つが示されています。このうち、「清白」は、きよらかなことを意味する「すず」を「清」で表し、それに「白」を加えたもの。一方、「蘿蔔」は、音読みすれば「らふく」で、スズシロ＝ダイコンの中国名。この二文字で「すずしろ」と読みなさいというのは、いかにも難読です。

ここで気になるのは、中国の人はどうしてダイコンのことを「蘿蔔」なんていうむずかしい漢字で書き表したのか、ということ。漢和辞典で調べると、「蘿」にはつる性の植物を表す用法がありますが、「蔔」の方は、「蘿蔔」で使われる以外には、目立った用法は見あたりません。

そこで、中国の辞典を見てみたところ、「蘿蔔」の別名のあまりもの多さに、度肝を抜かれてしまいました。たとえば、「蘿菔《らふく》」「萊菔《らいふく》」「蘿白《らはく》」「蘆菔《ろふく》」などなど。音読みは、どれも似たり寄ったり。音読みとは、昔の中国語の発音が変化したものですから、これらの発音は、昔の中国ではほとんど同じだったのでしょう。

発音が同じなのに漢字が異なるというのは、外来語に対する当て字に、よく見られる現象です。そこで、ふと目に入ってきたのは、ダイコンの学名 *Raphanus sativus L.*。私はラテン語は存じませんが、最初の *Raphanus* が「ラファヌス」と読むのだとすると、「らふく」等々とかなり近いではありませんか。

調べてみると、*Raphanus* とはダイコン属の属名で、古代ギリシャ語でハツカダイコンを指すことばに由来するのだとか。

ダイコンの原産地には諸説あるそうですが、西アジアあたりだとするのが有力だそうです。そこから、ヨーロッパには主に赤いハツカダイコンが入り、中国には主に白いダイコンが伝わっていったようです。

とすれば、「らふく」も「ラファヌス」も原産地での名前に由来しているのではないか、と考えたくなります。ダイコンとその名前がシルクロードを伝って中国に伝わり、やがて日本にも渡ってきたのだとしたら、なんとも壮大なお話でうれしいのですが……。

フキのとうのややこしさ

【蕗の薹】

ここでちょっと寄り道をして、一月から出回る早春の味覚、「ふきのとう」を取り上げておきましょう。天ぷらにするとおいしい、あの「ふきのとう」です。

このことば、漢字を使って書くと「蕗の薹」。「薹」とは、長く伸びてその先に花を付ける茎のことを表します。

このむずかしい漢字、現在の日本語では、ほかに「薹が立つ」という慣用句で用いられるくらいでしょう。『広辞苑』によれば、「薹が立つ」とは、「野菜が花茎をのばして固くなり、食用に適さなくなる」こと。転じて、「年頃が過ぎる。さかりが過ぎる。時期が過ぎる」という意味で使われるようになりました。

フキはキク科の植物なのですが、中国では、「薹」はアブラナ科の花茎に対して使われるもののようです。アブラナの漢名は、『広辞苑』の「あぶらな」の項目にもあるように、「蕓薹《うんだい》」。先に取り上げたナズナも、スズシロ＝ダイコンもアブラナ科で、花茎が伸びて花が咲き出す前に収穫しないと、食べられません。

この「蕓薹」からもわかるように、「薹」の音読みは「だい」か「たい」。「とう」とは読みません。そこで、『広辞苑』の「ふきのとう」の項目では、「「蕗の塔」からか」と注意書きがされています。

つまり、日本語としては、フキの長く伸びた花茎を「塔」にたとえたことばだと考えられるから、「蕗の塔」と書くべきところ、中国ではこういうものを「薹」と書き表すので、それに倣って「蕗の薹」と書くのが習慣となっている、というわけです。なんともややこしい漢字の使い方ですよねえ！

音読みとは本来、中国語の発音が変化したもので、訓読みは日本語で漢字の意味を説明したものです。「塔」を「とう」と読むのは、音読み。それが日本語に定着して、「蕗の薹」「薹が立つ」の「薹」の読み方として使われるようになったわけですから、「薹」を「とう」と読むのは、音読み由来の訓読みだということになります。この章の最初で取り上げた、「橙」を「だいだい」と読むのと理屈は同じですね（一六二ページ）。

ついでに申し上げておくと、私たちが食する蕗の薹は、実は、花茎が伸びる前の状態。つまり、まだ「塔」にはなっていないものだというのも、ややこしいところです。

セリはお口に合いませんか？

【芹・芹子・水芹】

本来、七草がゆを食べるのは旧暦の一月七日で、現在の暦に直すと、早くても一月の下旬、遅ければ三月の初めごろにあたります。実際、七草の一つ、セリは、現在の暦の一月に出回るものよりも、二月に入るころのものの方がおいしいのだそうです。昔の人は、私たちよりおいしい七草がゆを食べていたに違いありません。

さて、セリは「セリ科の多年草」で、「若葉は香りがよく食用」というのが、『広辞苑』の説明。イラストでは花が咲いていますから、この葉っぱはもう食べるには時期が過ぎているのでしょう。漢字での書き表し方としては、「芹」のほか、「芹子」「水芹」が示されていますが、「芹」がセリを表す中心的な漢字だと考えてよいでしょう。

この漢字、「せり」と訓読みして使われるのがほとんどで、音読み「キン」が用いられるのはまれ。収録項目数二五万を誇る『広辞苑』の中を探してみても、音読みで読まれる語は「献芹《けんきん》」くらいではないでしょうか。

この聞き慣れないことば、文字通りには「セリを献上する」という意味ですが、『広辞苑』で説明されているように、「人に物を贈るときの謙譲語」として使われます。その背景には、次のようなエピソードがあります。

……昔むかし、あるところに、貧しい男がおりました。この男、「芹」が大好き。そのおいしさをぜひ味わってもらいたいと、村のお金持ちのところに持っていきました。すると、そのお金持ち、ちょっと味見しただけで、口はヒリヒリ、おなかもピーピー。「芹」を持っていった男は、村の笑いものになったとさ。

これは、中国の古典、『列子』に出て来るお話。中国での「芹」は、身分のある人が口にするものではなかったようです。

一方、日本語には、「芹摘《せりつ》む」ということばがあります。意味は、思いが叶わないこと。その由来を、『広辞苑』では、「高貴な女性が芹を食べるのを見た身分の低い男が、芹を摘んで自分の思いの遂げられるのを期待したが、徒労に終わったという故事から」と説明しています。

一二世紀に書かれた『俊頼髄脳《としよりずいのう》』という歌論書に

よれば、この故事の「高貴な女性」とは、嵯峨《さが》天皇の后、檀林《だんりん》皇后のこと。平安時代の日本では、皇后さまもセリを食べていたのですね！

となると、例によって例のごとく、中国での「芹」と日本の「せり」とは、指す植物がちがうんじゃないか、という疑問が湧いてきます。しかし、漢和辞典をいくら調べてみても、「芹」はセリで間違いがないようなのです。

中華の料理人は、どんな食材でもおいしく料理してしまいますが、『列子』のセリだけは失敗だった……。私は、そう思うことにしています。

ハンノキとハシバミは共存できるか?

【榛の木・榛】

一般に、「花」というと、目立つ色合いの華やかなものを思い浮かべますが、中には、地味で目立たないものもたくさんあります。その咲く時期がまだまだ寒い冬の間だとますます目立たず、華やかどころかわびしい風情を醸し出してしまいます。

ハンノキの花も、その一つ。『広辞苑』で「はんのき」を調べると、「カバノキ科の落葉高木」で、「二月頃、葉に先だって暗紫褐色の単性花をつけ、花後、松かさ状の小果実を結ぶ」とあります。イラスト(次ページ)の左の方で、枝から垂れ下がっているのが、くだんの花。これがかなり暗い茶色をしているのですから、華やかさとは無縁です。

「はんのき」を漢字で書くと「榛の木」。「桧《ひのき》」や「楠《くすのき》」と同様に、「榛」一文字で「はんのき」と読んでもよさそうですが、「榛」は、単独で使われると「はしばみ」と読んで別の樹木を指すのが、ややこしいところです。

『広辞苑』によれば、ハシバミとは「カバノキ科の落葉低木」。「果実は葉のような総苞

《そうほう》で下部を包まれ、食用。同属のセイヨウハシバミの実もヘーゼル・ナッツと呼び食用」と説明してあります。私はハシバミの実物を見たことはありませんが、ヘーゼル・ナッツのお菓子ならば、もちろん、食べたことがあります。

「榛」が中国語として表すのは、ハシバミの方。「榛」でハンノキを指すのはいつもながらの日本語独特の用法。この二つの樹木、同じカバノキ科とはいえ、木の高さも実の形もだいぶ異なります。同じ漢字で表して、混同しなかったのでしょうか……。

「はんのき」という呼び名は、「はりのき」が変化したもの。「はり」という樹木は『万葉集』でもうたわれていて、すでに「榛」という漢字で書き表されています。『万葉集』で目立つのは、この木を染料として使うところから、「衣」とともにうたう例です。

一方、平安時代の一〇世紀前半に、当時の行事や決まりなどを記した『延喜式《えんぎしき》』という本には、諸国から献上されてきた「菓子」の一つとして「榛子」が出てきます。「菓子」ですから、こちらは、ハシバミの実だと考えてよいでしょう。

ということは、「榛」という漢字は、かなり古くから、ハンノキとハシバミの両方の意味で使われていたわけです。とはいえ、ハンノキはファッション業界、ハシバミはスイーツ業界。世界が違うので、案外、混乱しないで住み分けることが可能だったのでしょう。漢字は文字ですから、基本的には、ほかの文字と連なって、なんらかの文脈の中で用いられます。一文字だけを取り出して吟味すれば混乱しそうな用法でも、きちんとした文脈の中に戻せば、たいていは判別が可能となるものです。

辞書編集なんていう仕事にどっぷりとはまってしまうと、ことばや文字を一生懸命に見つめようとするあまり、まわりが見えなくなってしまいがち。近寄って観察するだけではなく、時には引いて眺めてみることも大切だと、「榛」に教えてもらったのでした。

ヒイラギのとげとげが痛い！

【柊・疼木】

お正月の伝統風俗にはほとんど縁がない少年時代の私でしたが、なぜだか、節分には欠かさず豆まきをしていた記憶があります。鏡餅を飾っても子どもは特に喜びませんが、豆をまくのはおもしろがるからでしょうか。

節分の飾りものといえば、ヒイラギが欠かせません。『広辞苑』の「ひいらぎ」の項目にも、「モクセイ科の常緑小高木」云々という説明のあとに、「節分の夜、この枝と鰯《いわし》の頭を門戸に挿すと悪鬼を払うという」と書いてあります。

漢字での書き表し方として一般に知られているのは、「柊」。「木(きへん)」に「冬」とは、真冬になっても緑を失わない、この樹木らしい漢字です。「紅葉、そして冬」の章ではソヨゴに言いがかりを付けた(一五八ページ)私でも、「葉は革質で光沢があり、縁には先が鋭いとげとなった切れ込みがある」というヒイラギの威容を思うと、常緑樹の代表のような漢字を差し上げてかまわないという気になります。

ただ、『広辞苑』の見出しのすぐ下には、「柊」のほか、「疼木」という書き方も掲げてあります。そして、興味深いことに、「ひいらぎ」の次には、漢字では「疼ぐ」と書き表す「ひいらぐ」という項目が載っているのです。こういう発見は、インターネット検索では味わえない、辞書の醍醐味ですね！

ほくほくしながらその解説を見ると、「ひいらぐ」とは、「ひりひり痛む。ずきずきする」という意味だとのこと。とすれば、「ひいらぎ」とは、あの葉っぱのとげとげが刺って「ひいらぐ木」というところから付いた名前なのでしょう。

そこから想像するに、「ひいらぎ」の漢字での書き表し方としては、「疼木」の方が古いのかもしれません。そして、「柊」に含まれる「冬」だって、実は「疼」の省略形だったということも、ありえないことではなさそう。実際、そういう方向で「柊」の由来を説明している漢和辞典も、存在しています。

なお、日本では、ヒイラギを指す漢字としてすっかり定着している「柊」ですが、これは、日本語独自の用法。中国語では、もともとは葉っぱをちまきを包むのに使う別の樹木を指します。とはいえ、現在の中国語では、「柊樹」と書いてヒイラギを表すことができるようです。日本から伝わった用法なのでしょう。

ブンタン船長の活躍

【文旦・朱欒・香欒】

私が子どものころは、冬になるとこたつに入ってミカンを食べるのが定番でしたが、現在では、ミカンに限らずさまざまな柑橘類が出回っています。特に二月ごろ、国産の柑橘類がスーパーの食品売り場にずらりと並ぶのは、なかなかの壮観。そして、それは寒さが極まったことを表しているとともに、春がもう遠くはないという印でもあるのです。

その中から、ここではブンタンを取り上げてみましょう。かなり大型の柑橘類で、プリプリとしたその果肉は、ずいぶん食べ甲斐があります。

ブンタンは、一七七二年に鹿児島県に流れ着いた中国船がもたらして以降、日本でも盛んに栽培されるようになった柑橘類。その船の船長の名前を「謝文旦《しゃぶんたん》」といったところから、「文旦」と書いて「ぶんたん」と呼ばれるようになった、といわれています。

『広辞苑』の「ぶんたん」の項目でも、漢字での書き表し方は「文旦」。説明は、「ザボンの一品種」、または「ザボンの別称」となっています。

そこで「ザボン」の項目を見てみると、「ミカン科の常緑高木」で、語源は「zamboa」というポルトガル語。漢字では「朱欒」「香欒」と書き表す、と載っていました。「朱欒」「香欒」は、もともとは中国語でのこの果物の名称。現在の日本語では、「朱欒」と書いて「ザボン」と振りがなを付けているのを見かけますが、これは、中国語にポルトガル語でルビを付けているようなもの。日本語の文章では、かくもアクロバティックな表記が駆使されているのです。

それはともかく、「ザボン」は「ぶんたん」とも呼ばれるわけですが、この果物にはもう一つ、「じゃぼん」という別名もあります。「ザボン」がなまって「じゃぼん」になったのかと思いきや、そんなことではないらしく、一説によれば、例の謝文旦船長の「謝文」が変化して「じゃぼん」になったのだとか。

ただ、調べてみると、中国語でもこの果物のことを「文旦《ウェンダン》」と呼ぶことがあります。はたして、ある果物を日本にもたらした中国人の名前が、その果物の中国での名前に採用されるものかどうか？　さらに、一七世紀の中国では「文蛋《ぶんたん》」という呼び名があったらしいことを知るに及んで、謝文旦船長の活躍ぶりにも、ちょっくら疑いの目を向けたくなってくるのでした。

ツバキはいわゆる「確信犯」？　【椿】

さて、ウメで始まった季節の植物めぐりも、いよいよ残すところあと一つとなりました。最後は、春の芽生えを感じさせるにふさわしい大物、ツバキにご登場いただきましょう。

『広辞苑』によれば、ツバキは「ツバキ科の常緑高木数種の総称」。「春、赤色大輪の五弁花を開く」とありますが、気の早いものは一二月から咲いています。

漢字での書き表し方としては、もちろん「椿」が有名。ただ、『広辞苑』では、説明文の冒頭に、「「椿」は国字。中国の椿《ちゅん》は別の高木」と注意書きがしてあります。これは、ツバキを表す「椿」とは、漢字にならって日本で独自に作られた文字であって、中国の「椿」は別の植物を表す、ということです。

本書でもたびたび取り上げてきたように、植物の世界では、中国と日本で同じ漢字が別のものを表す例が、たくさんあります。その原因をまとめてみると、大きく分けて二つが考えられます。(a)中国語としての漢字の意味を、日本人が誤解した、(b)中国にすでにある漢字と同じ形の文字を、日本人が別個に創り出した、という二つです。『広辞苑』では、ツバキを表す「椿」を(b)に分類しているわけです。ツバキとは、まだ寒いうちから華やかな花を咲かせて春が近いことを知らせてくれる植物。それを「木へん」に「春」で表そうと考えるのはいかにもありそうなこと。誤解ではなく独創だ、とする『広辞苑』の判断は、妥当なところだと思われます。

ただ、よく考えてみると、(b)にもさらに二つの可能性があります。それは、(b1)その形の漢字が中国にすでにあるのを、日本人が知らなかった場合と、(b2)知っていたけれど、あえて同じ形の文字を創り出した場合です。

「椿」の場合、紀元前四～三世紀に中国で書かれた『荘子』に、使用例があります。『荘子』といえば、中国思想を代表する古典。日本でも古くから読まれていますから、昔の日本人が知らなかったとは思えません。

とすれば、ツバキを表す「椿」は、中国にも同じ形の漢字があるのを知りつつも、いわゆる「確信犯」的に生み出された可能性が大。日本人のこの花に対する強い思い入れが託された漢字だといえるでしょう。

たった一文字の漢字にだって、人々の深い思いが込められていることがある。それが、植物漢字の魅力なのです。

あとがき

フリーランスで働くからには、仕事の受け口としてホームページくらい持っていた方がいい。そう考えて、自分のホームページを開いたのは、七年ほど前のことです。でも、単にプロフィールを載せるだけでは、おもしろくありません。多少なりとも内容のあるページを、と思って作ったのが、「難読漢字図鑑 植物編」でした。それまでに撮ってあった草木の写真に、その名前の漢字に関する簡単な解説を添えたものです。ただ、「難読漢字」とうたってしまったので、「桜」や「梅」といった植物は扱えません。また、自分で写真を撮影するのにも限界があります。そんなわけで、作ったはいいものの、たいした更新もしないままに、年月だけが過ぎていく結果となってしまいました。

それに目を留めてくださったのが、岩波書店第一編集部の猿山直美さん。植物の漢字についてもっといろいろ書いてみませんか、とお声をかけてくださいました。ついては、『広辞苑』の説明文やイラストを利用していただいていいですよ、とまでおっしゃってくださったのです！

当初はWEB連載というお話だったので、気楽に考えてお引き受けしたところ、雑誌『図書』での連載に変更となりました。『図書』といえば、天下の岩波書店のPR誌。長い伝統と高い評価を持つ雑誌に拙文など載せていただいていいものか、ととまどいつつも引くに引かれず、連載がスタートすることになりました。

本書は、『図書』の二〇一八年一一月号から二〇一九年一〇月号まで、一二回にわたって連載した「漢字の植物園 in 広辞苑」を元にまとめたものです。連載では、一回につき五つずつ、合計六〇種類の植物を取り上げましたが、書き下ろしとして一二種類の植物を付け加えました。それらを合わせた上で配列と章立てを考え直したほか、連載時には割愛した話題や説明を書き加えるなど、かなりの加筆・修正を行ってあります。

日本人は古くから、植物の名前を漢字で書き表そうとしてきました。その一つひとつが、漢字という中国文化を咀嚼して、日本の文化として再構成する試みだったといえるでしょう。本書で取り上げた七二種類の植物の漢字を通じて、読者のみなさまにその一端でもお伝えできたとしたら、著者としては望外の幸せです。

本書をまとめるにあたっては、猿山さんにたいへんお世話になりました。彼女なくしては企画書となることすらなかったでしょう。ありがとうございました。また、大片忠明さんと岸佳孝さんには『広辞苑』からのイラストの転載をお許しいただき、大片さんには章扉に新たなイラストもお寄せいただきました。ありがとうございます。加えて、本書が世に出るまでにお世話になる、企画・編集・校正・造本・宣伝・流通・販売に関わるすべての方々にも、心よりお礼を申し上げます。

連載の間、何人かの読者の方から、鋭いご指摘や暖かい励ましのことばをいただきました。感謝申し上げます。最後に、この本を手に取ってくださるすべてのみなさまにお礼を申し上げて、筆をおくことにいたします。

円満字二郎

二〇二〇年新春

索　引

＊本書は『図書』の連載「漢字の植物園 in 広辞苑」（二〇一八年一一月号〜二〇一九年一〇月号、全一二回）に次の項目を加え、大幅加筆してまとめた。

Ⅰ　ウドは風なんて気にしない／サクラをめぐる勘違い

Ⅱ　ヒツジが消えたツツジ／文人貴族のバラ屋敷

Ⅲ　ホオズキとハロウィンの化け物／上手なモモの切り方／ブドウの色はどんな色？／世界最大！　ショクダイオオコンニャク

Ⅳ　キキョウの根っこはどんな形？／ススキの漢字を求めて……

Ⅴ　ハゼノキの理屈と現実／コノテガシワを間違えるかな？

円満字二郎
1967年，西宮市生まれ．大学卒業後，出版社に勤務，高校国語教科書や漢和辞典などの編集を担当．現在，フリーの編集者兼ライター．
著書に『漢字の動物苑――鳥・虫・けものと季節のうつろい』『数になりたかった皇帝――漢字と数の物語』『人名用漢字の戦後史』(岩波書店)，『漢字ときあかし辞典』『部首ときあかし辞典』『漢字の使い分けときあかし辞典』『四字熟語ときあかし辞典』(研究社)，『漢和辞典的に申しますと．』(文春文庫)，『雨かんむり漢字読本』(草思社文庫)，『知るほどに深くなる漢字のツボ』(青春出版社)など多数．

漢字の植物苑――花の名前をたずねてみれば

2020年2月19日　第1刷発行
2023年5月25日　第4刷発行

著　者　円満字二郎《えんまんじじろう》

発行者　坂本政謙

発行所　株式会社 岩波書店
〒101-8002 東京都千代田区一ツ橋2-5-5
電話案内 03-5210-4000
https://www.iwanami.co.jp/

印刷・三秀舎　カバー・半七印刷　製本・松岳社

© Jiro Enmanji 2020
ISBN 978-4-00-061391-0　Printed in Japan

漢字の動物苑
――鳥・虫・けものと季節のうつろい――
円満字二郎
四六判二三〇頁
定価二四二〇円

さだの辞書
さだまさし
四六判一七〇頁
定価一六五〇円

【岩波科学ライブラリー】
広辞苑を3倍楽しむ
岩波書店編集部編
B6判一二六頁
定価一六五〇円

【岩波科学ライブラリー】
広辞苑を3倍楽しむ その2
岩波書店編集部編
B6判一二六頁
定価一六五〇円

広辞苑 第七版（普通版）
新村出編
菊判三六四〇頁
定価九九〇〇円

岩波書店刊
定価は消費税10%込です
2023年5月現在